저자 **이해경**

이 책을 쓰신 이해경 선생님은 인하대학교 영어교육과를
졸업한 후 근본 총회 신학대학원을 졸업하고, 횃불 트리니티
신학대학원에서 기독교 상담학을 전공하였습니다.
1990년 영어학원 강사로 영어교육에 첫발을 내딛었고
20여년 동안 〈동서 외국어학원〉, 〈우성 외국어학원〉,
〈대성학원〉, 〈종로학원〉, 〈예일학원 주임강사〉, 〈하나탑학원 주임강사〉,
〈한빛학원 원장〉, 〈잉스랜드 어학원 부원장〉을 역임하였고
중·고등학교 학교 현장에서도 다년간 가르쳐 왔습니다.
지으신 책으로는
〈하루 30분 기초부터 다지는 초등 영문법〉이 있습니다.

하루30분
기초부터
연승하는 초등
영작문

초판 인쇄일 _ 2011년 2월 15일
초판 발행일 _ 2011년 2월 20일
글쓴이 _ 이해경
기획진행 _ 박정아
디자인·본문편집 _ 송유선
표지디자인·본문삽화 _ 안홍준
교정·교열 _ 박정아, 이희경
영업마케팅 _ 김남권, 황대일, 서지영, 김보균
발행인 _ 박정모
등록번호 _ 제9-295호
발행처 _ 도서출판 **혜지원**
주소 _ (130-844) 서울시 동대문구 장안 1동 420-3호
전화 _ 02)2212-1227, 2213-1227 / 팩스 _ 02)2247-1227
홈페이지 _ www.hyejiwon.co.kr
ISBN _ 978-89-8379-679-0
정가 _ 10,000원

하루30분
기초부터
연습하는

초등 영작문

이해경 지음

혜지원

머리말

제가 어렸을 때는 중학교 1학년부터 영어를 공부하기 시작해서 대학에 입학하기까지 6년을 공부하였습니다. 저처럼 대학에서 전공을 영어로 선택한 사람들은 다른 사람들보다 영어를 더 공부할 수 있는 기회를 얻은 셈이지요. 그러나 그때 우리가 배우던 영어는 대부분 문법과 독해였고 대학에 가서야 듣기와 말하기를 전문적으로 배울 수 있었습니다. 대학에는 듣기 연습을 할 수 있는 시설이 갖추어져 있었으니까요. 오늘날 영어를 공부하는 학생들이 들으면 웃을 일이지요. 지금은 사설학원들도 매우 좋은 시설을 갖추고 학생들을 지도하고 있는 현실이니까요.

지금은 초등학교 1학년부터 정규수업으로 영어를 배우고 유치원 시절부터 영어 공부를 시작하는 학생들이 매우 많습니다. 현재의 영어교육은 주로 말하기와 듣기 중심으로 진행되고 있고 이미 초등학생 시절에 듣는 것과 말하는 것을 자유롭게 하는 학생들이 점차로 늘어나고 있습니다. 하지만 4개 영역(말하기, 듣기, 쓰기, 읽기)을 고루 잘하기는 매우 어려운 현실입니다.

많은 사람들이 영어에 시간과 돈을 쏟아 붓지만 노력하는 것에 비해 효율성이 떨어지는 것은 '영어'라는 언어가 우리말과 다르다는 인식을 정확히 하지 못하고 무조건적으로 암기만 하거나 우리말 구조에 억지로 맞추어 공부하기 때문입니다. 언어는 문화입니다. 한 나라의 언어는 그 나라의 오랜 시간에 걸친 사상과 문화를 담고 있고 그들의 삶의 방식도 그 언어에 녹아 있습니다. 그러므로 영어를 공부할 때는 영어와 우리말이 다르다는 것을 인정하고 받아들이는 것에서부터 여유롭게 시작해야 합니다.

영어는 어순이 우리말과 다르고 발달된 품사도 다릅니다. 우리말은 형용사가 발달 되어 있고 그 활용이 넓어서 서정적인 언어라고 한다면 영어는 동사가 발달되어 매우 동적인 언어라고 할 수 있습니다. 이 책은 우리말과는 다른 영어의 문장 구조를 반복해서 읽어보고, 써보게 함으로써 어떤 영어 문장이든 읽고 해석이 가능하며 스스로 영작까지 할 수 있도록 훈련하는 데 초점을 두었습니다. (꾸준히 유형을 반복해서 익히는 과정 속에서 영어 실력이 향상된다고 생각합니다.) 이 책을 보시는 분들에게 많은 도움이 되었으면 좋겠습니다.

저자 이해경

이 책의 구성

Chapter 18
Can 조동사를 이용하여 영작하기

Chapter 19
Will 조동사를 이용하여 영작하기

Chapter 20
추측의 조동사로 쓰기

Chapter 21
의무의 조동사로 쓰기

Chapter 22
진행형을 사용하여 영작하기

PART 5

1. PART

각 파트의 번호입니다.

2. Chapter 제목

각 파트에서 배울 챕터의 제목입니다.

Chapter 4

Be 동사를 활용한 영작 I

be 동사는 가장 기본이 되는 동사에요. 이번 챕터에서는 이러한 be 동사를 활용하여 영작하는 법을 공부하겠어요.

Key Sentences

I am Min-hyung.
나는 민형이다.

You are Seong-min.
너는 성민이다.

He is James.
그는 제임스이다.

He is strong.
그는 강하다.

My digital camera is in my pocket.
내 디지털 카메라는 내 주머니에 있다.

This is a teddy bear.
이것은 곰 인형이다.

We are partners.
우리는 파트너이다.

They are snowboarders.
그들은 스노우보더들이다.

Words-tips
strong : 강한
pocket : 주머니
partner : 파트너
snowboarder : 스노우보더

48

1. Learning verb 'be' : be 동사 배우기

여러분은 be동사가 무엇인지 아시나요? be동사는 변형된 3종류를 가지고 있는데 그것은 'am, are, is' 3가지입니다. 그 뜻은 모두 ' ~이다, 되다, 있다, ~하다' 랍니다. 아마도 영어 일기나 영작을 하려고 하는 사람이라면 이 정도는 알고 있으리라고 짐작됩니다.

be 동사에는 짝궁이 정해져 있다는 것을 여러분은 이미 알고 있겠지만 다시 한 번 정리하고 넘어 갈게요.

❶ am - I (나는, 내가) 하고만 쓰입니다.
❷ are - you, 모든 복수(둘 이상) - they, we, these, those 등등과 쓰입니다.
❸ is - 3인칭 단수 - he, she, it, this, that 등등 하고만 쓰입니다.

자, 먼저 be동사는 대표적인 2형식 동사입니다, 또한 '~이 있다'의 의미로 쓰일 때는 1형식 동사가 됩니다. 여기에서는 가장 쉽고 기본적인 문장의 형태를 볼게요.

📝 I am happy. - 나는 행복하다. - 2형식
　주어 동사 보어(주어를 보충, 즉 설명해주는 말)입니다- 문장의 4주인공 중 3가지가 있지요.

📝 It is on the desk. - 그것은 책상 위에 있다. - 1형식
　주어 동사 수식어구 - 문장의 4주인공 중 2가지만 있어요. 그래서 1형식입니다.

📝 I am Jack. - 나는 잭이다. - 2형식
　주어 동사 보어 - 이 문장은 보어가 형용사가 아니고 명사이지요.
　보어는 명사나 두 가지 품사가 될 자격이 있거든요.

Words-tips
comfortable : 편안한　　overjoyed : 매우 행복한　　tired : 피곤한
confused : 혼란스러운　　calm : 침착한　　exhausted : 매우 피곤한
furious : 매우 화가난　　bored : 지루한　　homesick : 향수병에 걸린
upset : 화가 난　　embarrassed : 당황한　　disgusted : 역겨운
excited : 흥분된　　terrified : 매우 겁이 난
scared : 무서운　　surprised : 놀란

49

3. Chapter

각 챕터의 제목과 배울 내용에 대한 설명입니다.

4. Key Sentences

각 챕터의 주요 문장들입니다.

I am Min-hyung.
나는 민형이다.

You are Seong-min.
너는 성민이다.

He is James,
그는 제임스이다.

is strong,

5. 본문내용

작문하는 데 필요한 내용을 체계적으로 분류하여 설명하고 적절한 예문과 해석을 첨가하여 개념을 이해하도록 하였습니다.

on the desk.

I am Jack. -

6. Words-tips

핵심단어나 표현을 정리해 놓았습니다.

기본기 다지기

문제
※보기와 같이 다음 문장의 성분을 구분하세요.

보기: I | don't have | a big family. 우리집은 식구가 많지 않다.
　　　S　　V　　　　O

1) I had a sweater on. 나는 스웨터를 입었다.

2) Did you usually have breakfast? 너는 주로 아침을 먹었니?

3) Let's have some coffee. 커피를 마시자.

4) Did you have cookies here? 넌 여기에서 쿠키를 먹었니?

5) He didn't do his homework yesterday. 그는 어제 숙제를 하지 않았다.

6) My baby didn't have a sore throat last night. 내 아기는 어젯밤 목이 아프지 않았다.

7) I have some money. 나는 돈을 조금 가지고 있다.

Words-tips
usually : 보통
sore : 아픈/쓰린
throat : 목
musical : 음악적인
talent : 재능

8) Does he have a CD player? 그는 CD플레이어를 가지고 있니?

9) You didn't have a musical talent. 너는 음악적인 재능이 없었어.

76

한 단계 더 나아가기

문제
※다음 문장을 복습 같이 해석하고 주어, 동사, 목적어, 보어를 찾아 보세요.

보기: You have no sense of fashion. 너 패션감각이 없는 것 같아.
　　　S　　V　　　　O

1) Does he have something to tell me?

2) I have sufficient information.

3) Do you have the time?

4) You had normal vision.

5) I don't have anything on tonight.

6) His father has an eye trouble.

7) Last night she had a lot of pizza.

Words-tips
sufficient : 충분한
information : 정보
normal : 정상적인
vision : 시력
ambassador : 대사
complaint : 불평

8) My cousin has a dream to be an ambassador.

9) He had no complaints.

77

7. 기본기 다지기

문제를 풀면서 각 챕터에서 배운 기본 내용을 확인합니다.

8. 문제 및 보기

보기를 통해 문제 푸는 방법을 익히고
본문 내용을 복습 할 수 있도록 하였습니다.

9. 한 단계 더 나아가기

기본기 다지기보다 한 단계 더 높은 수준의 문제를 풀어봅니다.

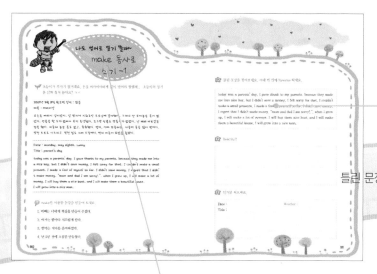

11. Rewrite!!

틀린 문장을 찾아 다시 바르게 써 봅니다.

10. 나도 영어로 일기쓸래~

각 챕터에서 배운 표현으로 일기를 써 봅니다.

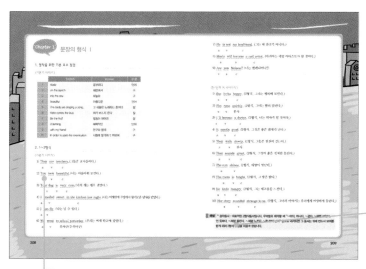

13. 해설

상세한 해설을 통해 공부하는 학생 스스로 취약한
부분을 다시 점검할 수 있도록 하였습니다.

12. 정답

문제의 정답을 확인하면서 최종 마무리와
복습을 할 수 있도록 하였습니다.

Contents

Part 2   Be, Have 동사로 영작하기

Part 4 수여동사로 영작하기

PART 1
문장의 형식

영어에는 문장의 동작과 상태를 나타내는 동사가
모두 5가지랍니다. 우리말을 영어로 옮겨 쓰기
위해서는 영어 문장을 이루는 뼈대를 잘 알아야
정확하게 쓸 수 있답니다.

문장의 형식 I

Key Sentences

1형식 She lives in Sydney.
그녀는 시드니에 산다.

2형식 Life is wonderful.
인생은 경이롭다.

3형식 I bought a new car last week.
나는 지난주에 새 차를 샀다.

3형식 We should take off our shoes inside the house.
우리는 집 안에서 신발을 벗어야 한다.

4형식 He sent his father a letter yesterday.
그는 어제 그의 아버지에게 편지를 보냈다.

5형식 My dad painted his car blue last night.
우리 아빠는 어젯밤에 그의 차를 파란색으로 칠했다.

5형식 She made her son a doctor.
그녀는 그녀의 아들을 의사로 만들었다.

Words-tips

live in : ~에 살다
buy(현재형) : 사다 – bought(과거형) : 샀다
take off : 벗다
send(현재형) : 보내다 – sent(과거형) : 보냈다
paint(현재형) : 색칠하다 – painted(과거형) : 색칠했다

1. 영작을 위한 기본 요소 점검

여기서 잠깐 영작에 중요한 요소들을 점검하고 갈까요?

여러분이 영어를 공부할 때 '단어, 구, 절'이란 말을 많이 들었을 거예요. 그럼 도대체 '단어, 구, 절'이란 말들은 무슨 뜻일까요? 아래 설명을 잘 읽어 보시면 충분이 이해가 될 거에요.

단어 : 의미의 최소 단위

01 즉, 이 말은 영어 알파벳 자음과 모음이 모여 무엇인가 '의미=뜻'을 갖게 되는 가장 작은 단위(최소 단위)를 말하지요. 예를 들면 'a' 는 '하나의, 어떤' 이라고 하는 뜻이 있으므로 단어가 됩니다. 그러나 'cedfghij' 라고 하는 말이 있다고 가정한다면 이 말의 뜻은 무엇이 될까요? 이 말은 알파벳 개수는 8개나 되지만 아무런 뜻이 없는 말입니다. 따라서 단어가 아니고 아무것도 아닙니다.

구와 절

02 구와 절은 '단어+단어'가 2개 이상 모여서 또 다른 의미, 좀 더 넓은 뜻을 나타내는 것인데 그 중 '주어와 동사'가 갖추어진 문장(sentence)을 '절'이라고 하고 문장이 아닌 것을 '구'라고 합니다.

🐾 구 – in the early morning (이른 아침에)

위의 말들을 보면 in(~안에), the(그), early(이른), morning(아침) 이라고 하는 4개의 단어가 모여 'in the early morning (이른 아침에)'라는 좀 더 큰 의미의 덩어리 말이 만들어졌지요. 이런 말들을 '구'라고 하는 겁니다.

🐾 절 – I go (나는 간다)

위의 문장은 I(나는, 내가) + go(간다) 라고 하는 두 단어가 모여서 'I go (나는 간다)'라고 하는 또 다른 의미의 덩어리 말을 만들었지요. 그런데 여기서 주목할 것은 이 말들은 단어가 2개밖에 안 되지만 '나는 간다', 즉 '주어+동사'가 갖추어진 점입니다. 이렇게 주어가 갖추어진 것을 '절=문장'이라고 한답니다.

제가 왜 이런 용어들을 설명했나구요? 앞으로 여러분이 어떤 책이든지 문법이나 영작에 관한 것을 공부할 때는 이런 말들이 꼭 등장한답니다. 그러니까 의미를 정확히 알아두면 이해가 빠를 거예요.

기본기 다지기

	English	Korean	구 분
1	study	공부하다	( )
2	on the beach	해변에서	( )
3	into the sky	하늘로	( )
4	beautiful	아름다운	( )
5	The birds are singing a song.	그 새들은 노래하는 중이다	( )
6	Here comes the bus.	여기 버스가 온다	( )
7	Be the first!	일등이 되어라	( )
8	charming	매력적인	( )
9	with my friend	친구와 함께	( )
10	in order to pass the examination	시험에 합격하기 위하여	( )

Tips-tips

문장의 5형식

학생들에게 영어의 동사가 모두 몇 가지냐고 물어보면 대체로 3가지라고 말한답니다. 학생들이 배운대로 말하자면 맞겠죠. 학생들은 자신 있게 "be동사, 일반 동사, 그리고 조동사입니다"라고 합니다. 그러나 "땡" 틀렸습니다. 영어의 동사는 모두 **5가지**랍니다. 이 5가지의 동사의 종류에 따라 만들어지는 문장의 성격이 완전히 바뀌게 된답니다. 동사들마다 성격이 독특해서 그 다음에 오는 말들을 가려서 받거든요. 이 5가지의 동사들이 이루는 5개의 문장을 5형식이라고 부른답니다.

수많은 동사들이 5가지 종류에 모두 포함되기는 하는데요, 한 가지 종류로만 쓰이는 경우는 거의 없답니다. 여러분이 영어 단어를 암기해 보아서 잘 알지요. 영어 단어 그 한 가지의 뜻만으로 사용되는 경우가 거의 없었지요. 동사도 이와 마찬가지로 2~3개, 심지어 어떤 동사들은 5가지 형식에 모두 사용되기도 한답니다.

영어에서는 동사와 더불어 주어가 아주 아주 중요합니다. 영어의 문장은 무조건 '주어+동사'로 시작합니다. 우리 한국어와는 달리 영어는 문장의 주인인 주어와 동사가 반드시 나타나는 게 특징이랍니다. 그러므로 영어 문장을 볼 때 주어와 동사를 먼저 찾을 수 있으면 해석을 거의 다 한 것이나 다름이 없지요.

여기에서는 문장의 5가지 형식에 대해 공부해 보구요. 다음 장부터는 영어 문장에서 주어와 동사를 찾는 연습도 해보기로 해요.

영어는 모든 문장이 무조건 '주어+동사'로 시작합니다. 몇 가지 예외를 제외하면 이 규칙은 변하지 않는 것이지요. 우리말과는 달리 영어에서는 주어와 동사를 빼 놓을 수 없답니다. 주어는 보통 해석이 '~은, ~는, ~이, ~가'이구요, 동사는 '~다'로 끝납니다. 영어 단어를 해석했는데 '~다'로 되면 그 단어는 반드시 동사랍니다. 여기서 주의할 것은 가끔 형용사를 우리말로 동사처럼 해석하는데요, 주의하셔야 합니다. 예를 들면 'pretty'란 단어의 원래 뜻은 '예쁜'인데 어떤 사람들은 '예쁘다'로 해석하지요. 사전에서 말하는 정확한 정의를 주의 깊게 보세요.

문장의 형식은 오로지 4개의 주인공들에 의해서만 결정이 되는데요, 그 주인공들은 '주어, 동사, 목적어, 보어'입니다. 이 네 가지 외에 다른 요소들은 아무리 많아도 문장의 형식과는 상관이 없답니다.

자 그럼 지금부터 1형식과 2형식에 대해서 먼저 공부하기로 해요.

01 첫 번째 형식(1형식): 주어 +동사

The birds	sing.
주어	동사
새들이	노래한다

I	go	to school	in the morning.
주어	동사		
나는	간다	학교에	아침에

02 두 번째 형식(2형식): 주어 + 동사 + 보어

🐾 보어 : 동사의 뜻이 불안정할 때 보충해 주는 말

He	looks	smart.
주어	동사	보어
그는	보인다	똑똑하게(똑똑한 것처럼)

I	am	a counselor.
주어	동사	보어
나는	이다	상담가

🐾 이 문장에서 'am'은 '~이다'의 뜻으로서 동사이긴 하지만 무언가 완벽하지 않게 끝나지요. 도대체 무엇인지 알 수 없지요. 그래서 '~이다' 다음에 불완전한 동사를 완성해 줄 보어가 필요한 거랍니다.

기본기 다지기

S(subjects) – 주어, V(verb) – 동사,
O(objects) – 목적어, C(complements) – 보어

보기 : <u>I</u> <u>am</u> <u>a beauty</u>.   나는 미인이다.
　　　 S　 V　　　C

1) They are teachers.

Words-tips

smell : 냄새가 나다
cute : 귀여운
kitchen : 주방
fly : 날다
go(현재형) : 가다 – went(과거형) : 갔다

2) You look beautiful.

3) Your dog is very cute.

4) I smelled sweet in the kitchen last night.

5) I can fly.   *can: ~할 수 있다 (조동사로서 동사의 범위에 들어갑니다)

6) We went to school yesterday.

7) He is not my boyfriend.

8) Maria will become a nail artist.   * will : ~할 것이다(조동사로서 동사의 범위에 들어갑니다.)

9) Are you Melana?

문 제

※다음 문장의 성분을 보기와 같이
구분하고 그 형식과 뜻을 적으세요.

보기 : <u>She</u> <u>is</u> <u>a dancer.</u>   2형식, 그녀는 무용수이다.
       S   V   C

1) She looks happy.

2) She runs quickly.

3) I'll become a doctor.

4) It smells good.

5) They walk slowly.

6) That sounds great.

7) The sun shines.

8) The room is bright.

9) He feels hungry.

10) Her story sounded strange to us.

Words-tips

shine : 빛나다
bright : 밝은
hungry : 배고픈
sound : ～처럼 들리다
strange : 이상하게

문장의 5형식 도표

동사				
자동사: 목적어가 필요 없는 동사		타동사: 목적어가 필요한 동사		
완전 자동사: go 불완전 자동사: am		완전타동사: write		불완전타동사: make
		목적어가 1개: a letter	목적어가 2개: him a letter	목적어:him
	보어:smart			보어:happy
주어+동사 I go	주어+동사+보어 I am smart.	주어+동사+목적어 I write a letter.	주어+동사+간접목적어+직접목적어 I write him a letter.	주어+동사+목적어+보어 I make him happy.
1형식	2형식	3형식	4형식	5형식

01 자동사와 타동사를 구분하는 기준은 '목적어: ~에게, ~을, ~를'이 동사 다음에 반드시 와야 하는지 올 필요가 없는지에 달려 있습니다. 각기 동사들이 고유한 성질이 있고 언어는 일종의 약속이므로 정해진 규칙대로 쓰이게 됩니다. 처음에는 조금 암기해야 하는 부분이 생기지만 나중에는 자동사와 타동사를 어느 정도 구분할 수 있게 됩니다.

02 완전이라는 것과 불완전이라는 말이 붙는 것은 '보어'가 필요한지 아닌지에 달려 있습니다. 동사만 가지고는 무엇인가가 부족한 듯하고 미완성의 느낌이 나는 경우이죠. 이런 동사들 다음에 오는 말들을 보어(보충해주는 말)라고 합니다.

03 여러분이 영어 문장을 해석하다 보면 많은 궁금증이 생길 겁니다. 왜냐하면 영어의 문장들이 우리말과 딱 맞아 떨어지게 해석이 되지 않기 때문이죠. 우리말과 영어는 아주 다른 체계의 언어입니다. 말하는 순서와 어법이 매우 다르지요. 그러므로 영어를 우리말에 억지로 짜 맞추어 해석하려고 하는 시도는 금물입니다. 각 나라 사람의 문화와 생각이 다른 것을 근본적으로 바꾸려 하지 않고 이해하고 받아들이는 것처럼 언어도 그래야 합니다. 영어만이 가지고 있는 문법체계를 그대로 받아들이고 이해하면 영어를 훨씬 더 빠른 속력으로 이해할 수 있답니다.

예문으로 '문장의 5형식' 다시 한번 익히기

형식	예문
1형식	My parents live in Seoul. 부모님은 서울에 거주하신다. They walk on the grass. 그들은 잔디밭 위를 걷고 있다. The sun rises in the East. 해는 서쪽에서 뜬다.
2형식	Jane is a middle school student. 제인은 중학생이다. It looks nice. 그것은 좋아 보인다. Her accent sounds strange. 그녀의 억양은 이상하게 들린다.
3형식	I love you. 나는 너를 사랑해. She has a brown bag. 그녀는 갈색 가방을 가지고 있다. They saw a girl in the school. 그들은 학교에서 한 소녀를 보았다.
4형식	I gave him a notebook. 나는 그에게 공책을 주었다. She sent me a mail yesterday. 그녀는 어제 나에게 메일을 보냈다. Jack begged me one more chance. 잭은 내에게 한 번의 기회를 더 간청했다.
5형식	I thought him a teacher. 나는 그가 선생님이라고 생각했다. I found that article easy. 나는 저 글이 쉽다는 것을 알았다. She made her son happy. 그녀는 그녀의 아들을 행복하게 만들었다.

나도 영어로 일기 쓸래~
문장의 형식-1

 오늘은 초등이의 봄 소풍 가는 날!! 초등이의 영어일기를 살짝 훔쳐 볼까요?

2009년 5월 25일 월요일 날씨 : 비

제목 : 슬픈 소풍

오늘은 소풍날이었다. 아침 일찍 일어났다. 내가 창문을 열었을 때 밖엔 비가 내리고 있었다.

속상했다. 정말 정말 화나고 슬펐다. 나는 비 오는 날을 좋아한다. 그러나 오늘은 아니었다.

흑흑!! 신이시여~ 왜 비를 내리셨습니까?

Date : Monday. May. 25th. 2009. Weather: Rainy

Title : Sad picnic

Today was a picnic day. I got up early in the morning. When I opened the window,
it was raining outside. I was upset, very angry and sad. I like a rainy day but not
today.

God! Why did it rain today?

🍭 1, 2 형식을 이용한 문장을 〈보기〉의 단어들을 이용해서 만들어 보세요.

1) 오늘은 할머니의 생신이다.

2) 나는 바쁘고, 슬프고, 졸렸다.

3) 난 8시 30분에 일어났다.

4) 과자는 맛있다.

5) 넌 항상 행복하니?

〈보기〉

grandmother 할머니
birthday 생일/생신
busy 바쁜
sad 슬픈
sleepy 졸린
get up(현재형) : 일어나다
 - got up(과거형) : 일어났다
cookie 과자
delicious 맛있는
always 항상
happy 행복한

28

틀린 문장을 찾아 고친 후에, 아래 빈 칸에 다시 써보세요.

Tomorrow was an picnic day. I gots up early in morning. What I opened a window he was rainning outside. I was upsat and very angry and sad. I like rainy day but not today.
God! Why did it sunny today?

나만의 일기를 써보세요.

Date : _____   Weather : _____
Title : _____

_____
_____
_____
_____

이번 챕터에서는 3형식과 4형식 문장의
구조와 특징에 관해 공부하고,
연습문제를 통해 익혀보아요.

문장의 형식 II
(3 ~ 4형식)

Key Sentences

Koreans love peace.
한국인은 평화를 사랑한다.

He likes swimming.
그는 수영하기를 좋아한다.

Words-tips

Korean : 한국인
peace : 평화
like : 좋아하다
teach(현재형) : 가르치다
－taught(과거형) : 가르쳤다
ride a horse : 말을 타다

My father will buy me a bike.
아버지는 내게 자전거를 사주실 거야.

I gave him a book.
나는 그에게 책을 주었다.

He wants to be a figure skater.
그는 피겨 스케이팅 선수가 되길 원한다.

Mr. Woods taught him how to ride a horse.
우즈씨가 그에게 말타는 법을 가르쳤다.

🐾 아직까지는 문장의 형식이 무엇인지 이해가 잘 안 되는 친구들이 많이 있을 겁니다. 그러나 어느 누구도
처음 한 번 배워서 다 알게 되는 사람은 없답니다. 자신감을 갖고 꾸준히 공부해 보세요.

1. 문장의 3형식

3형식은 모양으로 보아서는 2형식과 잘 구별이 되지 않습니다. 많은 학생들이 2형식 동사와 3형식 동사를 구분하는 것에 애를 먹곤 하지요. 3형식 동사들은 그 동사 뒤에 반드시 목적어가 오게 되는데요, 우리말로 해석했을 때 거의 '～을, 를, ～에게' 로 해석이 된답니다. 물론 100%는 아니지만 대부분 그렇기 때문에 여러분의 영어공부 난이도를 볼 때 모두 그렇게 해석해도 말이 안 되지는 않습니다. 아래의 예문을 보면 훨씬 이해가 잘 될 거에요.

01 I love candies. – 3형식
　주어　동사　　목적어

　나는　좋아한다　　사탕을

02 My friend loves having candies. – 3형식
　　주어구　　　동사　　　목적어구

　나의 친구는　　좋아한다　　　사탕먹기를

03 My friend will have a lot of decayed teeth. – 3형식
　　주어구　　　동사구　　　　　목적어구

　나의 친구는　　갖게 될 것이다　　　많은 충치를

영어는 한 문장에 주어와 동사의 그룹이 각각 한 개씩만 존재해야 하는 언어라고 내가 말한 적이 있나요? 한 문장에 주어와 동사가 한 개씩만 와야 하는데 말을 하다보면 동사를 2개 이상 사용해야 하는 경우가 있잖아요. 그럴 때는 어떡할까요? 그럴 때는 주어 다음에 오는 원래 있던 동사는 그대로 두고 뒤에 오는 동사를 변신을 시켜서 사용한답니다. 그래서 그 순간에 그 문장에서는 동사가 아닌 명사나 형용사, 부사 등으로 정체가 바뀌는 거지요. 다음 설명을 보세요.

04 I love drinking coffee.

drink는 '마시다'라는 동사이지만 이 문장에는 이미 'love'라는 동사가 있으므로 'drinking'으로 변신해서 '마시기, 마시는 것', 즉 명사로 와서 목적어가 되고 있지요.

기본기 다지기

S(subjects) – 주어, V(verb) – 동사,
O(objects) – 목적어, C(complements) – 보어

보기: <u>He</u> <u>loves</u> <u>a beauty</u>.   그는 미녀를 좋아한다.
     S   V   O

1) We visit grandparents every Sunday.

2) We got angry with him.

3) He put his hands in his pocket.

4) The song sounds very sad.

5) Once upon a time a fox lived in the forest.

6) She likes green tea.

7) Timothy has a sister.

8) I think that he is the movie star.

9) My little son loves to water flowers.

Words-tips

visit : 방문하다
grandparents : 조부모님
angry : 화가 난
pocket : 주머니
sound : ～처럼 들리다
once upon a time : 옛날옛적에
green tea : 녹차
movie star : 영화배우

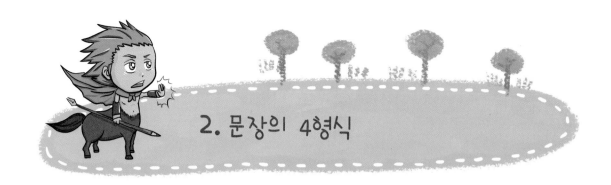

2. 문장의 4형식

앞에서 목적어가 1개인 문장들을 3형식이라고 했는데요, 어떤 동사들은 목적어를 2개까지 써야만 문장의 뜻이 완전해지는 경우도 있답니다. 좀 더 정확한 표현을 하기 위해 목적어를 2개 쓰는 것을 4형식 문장이라고 하구요, 2개의 목적어를 쓰는 순서는 반드시 간접목적어(줄여서 간·목)가 먼저 오고 그 뒤에 직접목적어(줄여서 직·목)가 와야 한답니다.

01 She sent me a postcard. – 4형식
　　　　주어　　동사　　간.목　　　직목

　　　그녀는　　보냈다　나에게　　엽서를

🐾 ~에게: 간접목적어, ~을, 를: 직접목적어

4형식은 반드시 간접목적어를 먼저 써야만 됩니다. 만일 직접목적어를 먼저 쓰고 간접목적어를 나중에 쓰게 되면 다음 예문과 같이 문장의 형식이 바뀐답니다.

02 She sent a postcard to me. – 3형식
　　　　주어　　동사　　직목　　　　

　　　그녀는　　보냈다　　엽서를　　　나에게

🐾 간접목적어인 'me'가 뒤로 가면서 전치사 'to'가 붙게 되는데요, 이런 경우, 즉 전치사가 붙게 되면 간접목적어의 자격을 상실하게 됩니다. 그래서 'to me'는 동사 'sent'를 꾸미게 되면서 부사구로 변신하게 되지요. 앞에서 배울 때 부사는 문장의 형식과는 아무런 상관이 없었지요. 문장의 형식을 결정하는 주인공들은 명사, 대명사, 동사, 형용사(일부 보어에만 사용)뿐이라는 걸 다시 한 번 기억하세요.

03 She made me a postcard. – 4형식
　　　그녀는　만들어주었다　내게　　　엽서를

04 She made a postcard for me. – 3형식
　　　그녀는　만들어주었다　　엽서를　　내게(나를 위하여)

🐾 4형식을 3형식으로 바꿀 때 모든 동사가 전치사 'to'를 사용하는 것은 아닙니다. make, buy, get, cook, find 는 'for'를 사용하고 ask, remind, inquire는 'of'를 사용한답니다. 이 외에도 더 있지만 이 동사들을 제외하고 여러분이 현재 만나게 되는 동사들은 거의 'to'를 사용한다고 생각하시면 됩니다.

기본기 다지기

1) He sent me my birthday present.

2) I'll show you my album.

3) My mom made me a lunch.

4) He asked a favor of me.

Words-tips

show : 보여주다
lend : 빌려주다
remind : 생각나게 하다

5) Would you lend me a pen?

※다음 문장의 빈 칸에 알맞은 전치사를 쓰세요.

6) He sent a birthday card   his wife. (그는 그의 부인에게 생일 카드를 보냈다.)

7) Father will buy a bike   me. (아버지는 내게 자전거를 사주실 것이다.)

8) She reminds me   my old sister. (그녀는 내 언니를 생각나게 한다.)

9) I bought some flowers   Mary. (나는 메리에게 꽃을 사주었다.)

10) Jaime asked a question   me. (제이미는 나에게 질문을 했다.)

11) Your dad can give the book   you. (너의 아빠는 너에게 그 책을 줄 수 있다.)

문 제

※다음 문장의 성분을 보기와 같이 구분하고 해석하세요.

S(subjects) – 주어, V(verb) – 동사, O(objects) – 목적어
IO(indirect objects) – 간접목적어, DO(direct objects) – 직접목적어

보기 : <u>Mr. Lee</u>　<u>teaches</u>　<u>him</u>　<u>English</u>.
　　　　 S　　　　 V　　　 IO　　 DO
이 선생님은 나에게 영어를 가르친다.

1) They will tell you the secret.

2) Alex put his pencil case on the chair.

3) Jay lent Jack his old snowboard.

4) Samuel finished blowing up the balloon.

5) Pat and she are guarding the entrance.

6) The leaves are red, yellow, and orange.

7) The train from London arrived three hours late.

8) She took a hammer and hit a nail in the wall.

9) After the earthquake, the city was destroyed.

Words-tips

secret : 비밀
put A on B : A를 B에 놓다
lend(현재형) : 빌려주다
–lent(과거형) : 빌려주었다
blow up : ~을 입으로 붓다
leaf(단수)–leaves(복수) : 잎
hammer : 망치
nail : 못

35

나도 영어로 일기 쓸래~
문장의 형식-2

 오늘은 초등이가 엄마 아빠와 쇼핑 가는 날!! 초등이의 영어일기를 살짝 훔쳐 볼까요?

2009년 5월 26일 화 날씨 : 햇님

제목 : 쇼핑

오늘은 부모님과 쇼핑을 갔다. 우리집에서 쇼핑몰까지는 버스로 30분이 걸렸다.
형은 야구 모자를 갖고 싶었고, 나는 운동화를 가지고 싶었다. 30분 후 우리는 드디어 쇼핑몰에
도착했다. 아빠는 나에게 운동화를 사주셨고, 엄마는 형에게 야구 모자를 사주셨다. 기분이 너무
좋았다. 다음주에 학교에서 야구시합이 있다. 그때 모자와 운동화를 신을 것이다. 엄마 아빠! 축구
하는 저를 보러 오실거죠?

Date : Tuesday. May. 26th. Weather: Sunny

Title : Shopping

I went shopping with my parents. It took about 30 minutes from my house to the
shopping mall by bus. My brother wanted to have a baseball cap and I wanted to have
running shoes. 30 minutes later, we arrived at last. My dad bought me shoes and
mom bought him a baseball cap. I was so happy. Next week there is a baseball game.
That day I will wear my new shoes. Mom and dad! Will you see me playing baseball?

3, 4형식을 이용한 문장을 〈보기〉에 있는 단어를 이용해 만들어 보세요.

1) 영어선생님은 우리에게 영어를 가르친다.

2) 나는 내 친구들에게 편지를 보냈다.

3) 그녀는 컴퓨터를 고쳤다.

4) 우체부는 그녀에게 편지를 보여준다.

5) 아빠는 집에서 맥주를 마셨다.

〈보기〉

teacher 선생님
teach 가르치다
friend 친구들
letter 편지
send 보내다
fix 수리하다
show 보여주다

틀린 문장을 찾아 고친 후에 아래 빈 칸에 다시 써보세요.

I goes shopping with my parents. It tooks about 30 minute from my house to the shopping mall by a bus. My brother want have a baseball cap and I wants to have a running shoes. 30 minutes later we arrived at lest. Dad bought i shoes and mom bought him a baseball cap.

I was not so happy. Next week there is a baseball game. That day I will wearing my new shoes. Mom and dad! Will you see me playing baseball?

나만의 일기를 써보세요.

Date : _____ Weather : _____

Title : _____

_____

_____

_____

_____

Chapter 3

문장의 형식 Ⅲ
(문장의 꽃 5형식)

이번 챕터에서는 5형식 문장을 공부할 거에요.
'주어 + 동사 + 목적어 + 목적보어'의
어순으로 되어 있는 5형식 문장의 구조를 학습하고,
연습문제를 풀면서 한 번 더 복습해 보아요.

Key Sentences

My friends call me "Hope".
내 친구들은 나를 "희망"이라고 부른다.

He makes me happy.
그는 나를 행복하게 만든다.

They elected William president.
그들은 윌리엄을 대통령으로 선출했다.

I want everything ready by noon.
나는 모든 것이 정오까지 준비되기를 바란다.

I heard my name called.
나는 내 이름이 불리는 것을 들었다.

She saw a dog running down the street.
그녀는 개 한 마리가 거리 아래로 달려가는 것을 보았다.

My mother made me study English everyday.
내 엄마는 나를 매일 영어 공부하도록 시켰다.

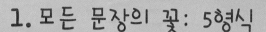

1. 모든 문장의 꽃: 5형식

1형식부터 4형식까지 배우는 동안 각 형식에서 목적어와 보어가 한 문장에 모두 포함되는 경우는 없었을 거예요. 다섯 번째 형식인 5형식은 문장의 표현을 가장 넓고 깊게 할 수 있어서 문장의 꽃이라고 한답니다.

01 <u>My friends</u> <u>call</u> <u>me</u> <u>"Hope"</u>.

       주어   동사   목적어   목적보어

     나의 친구들은   부른다   나를   희망이라고

위의 문장에서 'Hope'이라고 하는 이름은 목적어인 'me'와 연결된, 즉 'me'를 꾸며주는 말이지요. 주어와는 연관이 없습니다. 그래서 목적어를 보충설명해 주는 말이므로 목적보어라고 한답니다.

02 <u>My father</u> <u>wanted</u> <u>me</u> <u>to be a lawyer</u>.

       주어   동사   목적어   목적보어

     나의 아빠는   원했다   나를(내가)   변호사가 되기를

5형식의 장점을 바로 위의 문장에서 찾아볼 수 있어요. 목적보어 자리에 명사나 형용사 단어한 개만 온 것이 아니구요, 'to be a lawyer – 변호사가 되기(변호사가 되는 것)'이라는 긴 숙어가 왔지요. 그래서 목적어의 상황을 좀 더 자세히 설명할 수 있게 되지요. 단어가 4개나 되지만해석이 '~하는 것, 하기'로 되기 때문에 품사는 명사구요, 즉 명사구가 되겠지요. '구'라는 말을잊으셨다면 이 책의 맨 앞으로 다시 가서서 복습하시면 되겠네요.

03 I asked him to speak more loudly.

영어 문장에서 주어와 동사는 한 문장에 반드시 한 개씩(혹은 한 그룹)이어야만 한다고 설명한적이 있을 거예요. 그런데 목적보어 자리에 자세한 설명을 하기 위해 또 다른 동사를 사용하고그 동사와 함께 수식어가 올 수 있답니다.

기본기 다지기

문 제

※다음 문장에서 목적어와 목적보어를 찾아 보기와 같이 성분을 표시하고 해석하세요.

보기 : My friends call <u>me</u> "stupid". 내 친구들은 나를 "바보"라고 부른다.
　　　　　　　　　　O　　　O.C

1) My friend calls me Josh.

2) He made me happy.

3) I want everything ready by noon.

4) His boss didn't want his company to be famous.

5) Do you want me to go now?

6) Could you tell her to call me?

7) They thought him to be honest.

8) Mr. Lee saw a UFO flying.

9) They elected Harris president.

Words-tips

stupid : 멍청한
boss : 사장
company : 회사
famous : 유명한
think(현재형) : 생각하다
—thought(과거형) : 생각했다
elect : 선출하다
president : 회장

2. 사역동사, 지각동사의 목적보어

5형식 문장을 배울 때 여러분이 어떤 문법책을 가지고 공부를 하든, 꼭 접하게 되는 동사가 있지요. 바로 '사역동사와 지각동사'라는 친구들이죠.

위에서 설명했듯이 영어는 한 문장에 주어와 동사가 하나여야 하는데 또 다른 동사가 그 문장에 끼고 싶으면 변신을 해야 하는 게 원칙이지요. 그런데 이 원칙을 따르지 않는 개성이 독특한 동사들이 있지요. 바로 '사역동사: ～을 시키다, 허락하다, 지각동사: 감각을 나타내는 동사'들이랍니다. 이 동사들은 목적보어 자리에 동사가 또 오더라도 동사의 원형모습 그대로 쓰는 특권이 있답니다. 왜냐구요? 나도 몰라요. 그냥 외우세요. 언어에는 항상 예외 규칙이 있으니까요.

01 사역동사 : make, have, let, help (～시키다, 허락하다.)

He	makes	his brother	clean his room.
주어	동사	목적어	목적보어
그는	시킨다	그의 동생에게	그의 방을 청소하도록

목적보어인 'clean'이 위의 문장에 들어오려면 makes라는 동사가 이미 있으므로 다른 형태로 변신해야 하지만 makes가 사역동사이므로 동사원형 그대로 온답니다.

02 지각동사 : see, hear, listen, touch, feel, notice 등등

I	saw	my sister	cry last night.
주어	동사	목적어	목적보어
나는	보았다	내 여동생이	우는 것을 어젯밤에

지각동사의 경우에는 사역동사와는 달리 동사의 원형이 오는 자리에 현재분사 즉 '～ing' 형태도 올 수 있구요 뜻도 거의 같답니다. 위의 예문에 'cry'를 'crying'으로 써도 된다는 것이지요.

보기 : She had <u>her hair</u> <u>trimmed</u>. 그녀는 머리를 다듬었다.
                O   O.C

1) Jason made his son become a doctor.

2) I have my dog chase a ball.

3) Jennifer heard a dog bark.

4) My friend, Jimmy helped me repair my computer.

5) Maria saw his boy friend walk in Insa-dong.

6) Every Saturday my mom lets me play computer games.

7) They felt their house shaking.

8) She lent me twenty dollars.

9) The movie made me sad.

Words-tips

doctor : 의사
chase : 쫓다
bark : 짖다
repair : 수리하다
shaking : 흔들리는
lend : 빌려주다

한 단계 더
나아가기

※다음 문장의 성분을 보기와 같이
구분하고 해석을 쓰세요.

S(subjects) − 주어, V(verb) − 동사, C(complements) − 보어
IO(indirect objects) − 간접목적어, DO(direct objects) − 직접목적어

보기 : <u>My teacher</u> <u>let</u> <u>me</u> <u>go out</u> in class. 나의 선생님은 나를 교실 밖으로 나가게 했다.
　　　　 S　　　 V　　 O　　 C

1) He heard his name called.

2) The gift made me happy.

3) Everyone calls him Captain Hook.

4) Her mother made her a famous musician.

5) The food made me ill.

6) They painted the door blue.

Words-tips

hear(현재형) : 듣가
−heard(과거형) : 들었다
gift : 선물
call : 부르다
famous : 유명한
musician : 음악가
paint : 칠하다
elect : 선출하다
abroad : 해외로

7) I believe him honest.

8) We elected her president.

9) His father let him go abroad to study.

나도 영어로 일기 쓸래~
문장의 형식-3

🌱 어른이 된 초등이의 일기를 살짝 훔쳐 볼까요?

2009년 3월 5일 수요일 날씨 : 맑음

제목 : 커피냐 코코아냐...

오늘 난 친구와 도넛가게에 갔다. 난 평소에 어두운 분위기를 좋아한다. 날은 점점 어두워져 갔다. 우리 주문을 했다. 난 진한 초코우유를 좋아한다. 내 친구는 너무 단 차는 원치 않았다. 그러나 점원이 나의 말을 잘못 알아들었다. 그래서 난 콜라를 마셨다.

Date : Wednesday. March fifth, Wether: Sunny

Title : coffee or hot choco

Today I went to the donut shop with my friend. Usually I like the donut shop dark. It was getting dark. We ordered. I like my choco milk strong. My friend doesn't want her tea too sweet. But the shopkeeper doesn't get me wrong. So I drank coke.

🍭 5형식을 이용한 문장을 다음 〈보기〉 단어들을 이용해 만들어 보세요.

1) 난 놀고 있는 너를 보았다.

2) 그녀는 그녀의 신발이 큰 걸 좋아한다.

3) 불타고 있는 건물 좀 봐!

4) 넌 나를 행복하게 해준다.

5) 집에 가게 해주세요.

〈보기〉

teacher 선생님
teach 가르치다
friend 친구들
letter 편지
send 보내다
fix 수리하다
show 보여주다

틀린 문장을 찾아 고친 후에 아래 빈칸에 다시 써보세요.

Today I went to the donut shop with my friend. I like usually the donut shop dark. it getting dark. We are ordered. I like my choco milk strong. My friend doesn't want her tea too sweet. But goalkeeper doesn't get me wrong. So I drank coke.

↓

나만의 일기를 써보세요.

Date : _____ Weather : _____

Title : _____

be 동사는 가장 기본이 되는 동사에요.
이번 챕터에서는 이러한 be 동사를 활용하여
영작하는 법을 공부하겠어요.

Be 동사를 활용한 영작 I

Key Sentences

I <u>am</u> Min-hyung.
나는 민형<u>이다</u>.

You <u>are</u> Seong-min.
너는 성민<u>이다</u>.

He <u>is</u> James.
그는 제임스<u>이다</u>.

He <u>is</u> strong.
그는 강<u>하다</u>.

My digital camera <u>is</u> in my pocket.
내 디지털 카메라는 내 주머니에 <u>있다</u>.

This <u>is</u> a teddy bear.
이것은 곰 인형<u>이다</u>.

We <u>are</u> partners.
우리는 파트너<u>이다</u>.

They <u>are</u> snowboarders.
그들은 스노우보더들<u>이다</u>.

Words-tips

strong : 강한
pocket : 주머니
partner : 파트너
snowboarder : 스노우보더

1. Learning verb 'be' : be 동사 배우기

여러분은 be동사가 무엇인지 아시나요? be동사는 변형된 3총사를 가지고 있는데 그것은 'am, are, is' 3가지입니다. 그 뜻은 모두 ' ~이다, 되다, 있다, ~하다'랍니다. 아마도 영어 일기나 영작을 하려고 하는 사람이라면 이 정도는 알고 있으리라고 짐작됩니다.

be 동사에는 짝꿍이 정해져 있다는 것을 여러분은 이미 알고 있겠지만 다시 한 번 정리하고 넘어 갈게요.

❶ am – I (나는, 내가) 하고만 쓰입니다.
❷ are – you, 모든 복수(둘 이상) – they, we, these, those 등등과 쓰입니다.
❸ is – 3인칭 단수 – he, she, it, this, that 등등 하고만 쓰입니다.

자, 먼저 be동사는 대표적인 2형식 동사입니다. 또한 '~이 있다'의 의미로 쓰일 때는 1형식 동사가 됩니다. 여기에서는 가장 쉽고 기본적인 문장의 형태를 볼게요.

01 <u>I</u> <u>am</u> <u>happy</u>. – 나는 행복하다. – 2형식
주어   동사   보어(주어를 보충, 즉 설명해주는 말입니다) – 문장의 4주인공 중 3가지가 있지요.

02 <u>It</u> <u>is</u> <u>on the desk</u>. – 그것은 책상 위에 있다. – 1형식
주어   동사   수식어구 – 문장의 4주인공 중 2가지만 있어요. 그래서 1형식입니다.

03 <u>I</u> <u>am</u> <u>Jack</u>. – 나는 잭이다. – 2형식
주어   동사   보어 – 이 문장은 보어가 형용사가 아니고 명사이지요.
              보어는 명사나 두 가지 품사가 될 자격이 있거든요.

Words-tips

comfortable : 편안한   overjoyed : 매우 행복한   tired : 피곤한
confused : 혼란스러운   calm : 침착한   exhausted : 매우 피곤한
furious : 매우 화가난   bored : 지루한   homesick : 향수병에 걸린
upset : 화가 난   embarrassed : 당황한   disgusted : 역겨운
excited : 흥분된   terrified : 매우 겁이 난
scared : 무서운   surprised : 놀란

S(subjects) – 주어, V(verb) – 동사, C(complements) – 보어

보기 : <u>The boys</u> <u>kept</u> <u>silent</u>. 소년들은 조용히 있었다.
　　　　S　　　　V　　　C

1) You are sad.

2) He is depressed.

3) She is angry.

4) It is lonely.

5) They are frustrated.

6) She and I are nervous.

7) I am a fire fighter.

8) They are doctors.

9) Min-hyung is an oriental medicine doctor.

Words-tips

depressed : 우울한
frustrated : 무모한
nervous : 긴장된
oriental medicine : 한의학

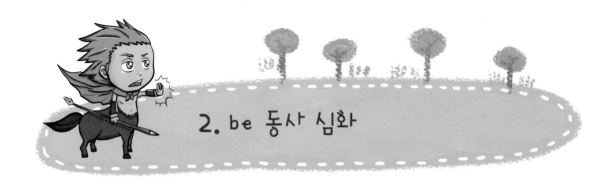

2. be 동사 심화

첫 번째에서는 문장의 형식을 긍정문을 통해서만 배웠지요. 그러면 어떤 학생들은 궁금할 거예요. 부정문과 의문문은 형식을 어떻게 구분하는지요. 자 그럼 아래에서 자세히 배워 볼까요?

01 Be 동사의 부정문 만드는 법 알고 계시죠.

각각의 be 동사에 'not'을 붙여 쓰면 '~ 아니다'라는 말이 되죠.

<u>He</u> <u>is not</u> <u>depressed</u>. – 2형식
주어 　　 동사 　　 보어

그는 우울하지 않다.

부정문을 만들기 위해 쓰인 not은 동사와 함께 한 덩어리로 취급합니다.

<u>Are</u> <u>they</u> <u>frustrated</u>?
동사 　　 주어 　　 보어

그들은 낙심하였니?

의문문을 만들 때 주어와 동사의 순서가 바뀐다는 것쯤은 이제 모두 아시리라 믿습니다.

02 Be 동사의 문장에 꼬리가 길게 붙은 경우입니다.

<u>Steve</u> <u>is worried</u> <u>about his weight</u>. – 2형식
주어 　　　 동사 　　　　 보어

스티브는 　　 걱정한다 　　 그의 체중에 대해

🐾 about his weight 이 숙어는 '걱정하는'이라는 'worried'를 꾸미고(수식)있고 4개의 주인공에는 포함되지 않으므로 문장이 길어서 복잡한 것 같지만 역시 2형식입니다.

기본기 다지기

S(subjects) - 주어, V(verb) - 동사, C(complements) - 보어, O(objects) - 목적어

보기 : <u>The boys</u> <u>are not</u> <u>silent</u>. 그 소년들은 조용하지 않다.
　　　　　S　　　　　V　　　　 C

1) I am not Ji-ho.

2) I am smart.

3) Min-seo is my favorite friend.

4) Is Min-seo funny?

5) She is kind and people like her.

6) There are a lot of trees and a small lake in Hope's house.

7) She is in the second year of middle school.

8) Are trees in your house?

9) Isn't he a doctor?

Words-tips
smart : 똑똑한
favorite : 좋아하는
funny : 재미있는
kind : 친절한
lake : 호수

문 제

※보기와 같이 다음 문장의 형식을
말하고 해석을 쓰세요.

보기 : The boys are not silent. 2형식. 그 소년들은 조용하지 않다.

1) My friend, Melana is unhappy.

2) She was sick last night.

3) Tom and I are worried about her health.

4) I am lonely.

5) They were frustrated then.

6) We are nervous.

7) He is not depressed.

8) My English teacher will be a professor soon.

9) Peter's parents couldn't be back home then.

나도 영어로 일기 쏠래~
be 동사로 쓰기 -1

 오늘은 초등이가 엄마에게 혼이 났대요. 쯧쯧!! 초등이의 영어일기를 살짝 훔쳐 볼까요?

2009년 11월 29일 목 날씨 : 눈
제목 : 혼남

오늘 엄마에게 혼이 났다. 이유는 숙제도 안했구 동생과도 싸웠기 때문이다.

오늘은 영 기분이 꽝이다.

그래서 나 스스로에게 질문을 해봤다.

넌 착한 아들이냐? 넌 좋은 오빠냐? 넌 성실한 학생이냐?

대답은 모두 NO 였다. 슬펐다. 왜 난 멋진 아이가 아닐까?

이제부터 착한 소년이 돼야겠다.

Date : Thursday. November. 29th. Weather: Snowy
Title : Punishment

Today my mom punished me. Because I didn't do my homework and fought with my younger brother.
I was depressed and felt very very bad.
So I asked myself some questions.
Are you a good son? Are you a nice brother? Are you a sincere student?
All answers were "No". I was sad. Why am I a bad boy?
From now on I want to be a good boy.

---

be 동사를 이용한 문장을 〈보기〉의 단어들을 이용해 만들어 보세요. (의문문)

1) 너는 커서 뭐가 되고 싶니?

2) 그녀는 간호사입니까?

3) 이 꽃은 얼마입니까?

4) 그는 작년에 축구선수였나요?

〈보기〉
grow up 자라다
nurse 간호사
flower 꽃
football player 축구선수

틀린 문장을 찾아 고친 후에 아래 빈칸에 다시 써보세요.

Today mom punished i. Because I didn't doing my homework and fight with my a younger brother. I was depress and felt very very bad. So I asked myself some question.
Are you good son? Are you a nice brother? Are you a sincere students?
All answer were "No". I was sad. Why am I a good boy?
From now on I want to a good boy.

나만의 일기를 써보세요.

Date :   Weather :

Title :

Chapter 5

Be 동사를 활용한 영작 Ⅱ

be 동사는 다양하게 활용된답니다.
이 챕터에서는 be 동사의 활용법을 배워보겠어요.

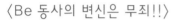

Key Sentences

〈Be 동사의 변신은 무죄!!〉

I <u>am good at</u> playing piano and violin.
나는 피아노와 바이올린 연주를 잘한다.

I <u>am fond of</u> watching movies.
나는 영화 보는 것을 좋아한다.

I <u>am going to</u> be a movie director in the future.
나는 미래에 영화감독이 되려고 한다.

I <u>am able to</u> speak Chinese a little.
나는 중국어를 조금 할 줄 안다.

My mom and dad <u>are proud of</u> me.
나의 엄마와 아빠는 나를 자랑스러워하신다.

Tips-tips

① be good at ～을 잘하다 (반대말은 be poor at ～을 못한다)
② be fond of ～을 좋아하다
③ be going to ～을 할 것이다(미래를 나타냄) = will
④ be able to ～ 할 수 있다 = can
⑤ be proud of ～을 자랑스러워하다
⑥ be supposed to ～을 하기로 되어 있다. ～해야만 한다
⑦ be good for ～에 좋다, 유익하다
⑧ be interested in ～에 관심이 있다

be 동사가 단독으로 쓰이는 경우가 대부분이지만 다른 단어 짝궁들과 변신하여 또 다른 의미로 쓰이기도 한답니다.

I am good at playing the flute. - 2형식
주어 동사 보어

나는 플룻을 연주하는 데 능숙하다(잘한다).

at playing the flute는 전치사구로서 문장의 4요소에 들어가지 못하므로 2형식이 됩니다.

He is fond of milk very much. - 2형식
주어 동사 보어

그는 우유를 매우 좋아한다.

of milk very much는 전치사구로서 역시 문장의 주인공에 들어가지 못하므로 2형식이 됩니다.

The robots are able to transform into the cars. - 1형식
주어 　　조동사 　　본동사

그 로봇을 자동차로 변신할 수 있다.

이 문장은 위의 두 문장과는 조금 다르죠. 'are able to'가 합쳐서 '~할 수 있다' 라고 하는 조동사(도와주는 동사)로 쓰였구요, transform이 변신하다라는 본동사로 쓰였습니다. 이 두 개를 모두 합쳐서 하나의 동사 덩어리로 보기 때문에 문장의 4개의 주인공 중 2개밖에 없는 것이므로 1형식이 된답니다. 그러나 이와 같이 짝으로 사용되는 말들은 일부러 그 형식을 구분하여 쓰지는 않습니다. 다만 여러분의 이해를 돕기 위해 구분해 본 것입니다. 여러분이 영어로 문장을 만들거나 일기 등을 쓰려 할 때는 실제로 숙어로서 암기해 사용하는 경우가 훨씬 더 많을 것입니다. 하지만 원리를 안다면 더 오래 기억하고 정확히 알게 되겠지요.

보기 : <u>The boys</u> <u>are not singing</u>. – 1형식
　　　　　S　　　　　V

1) Jaime is Canadian. 제이미는 캐나다인이다.

2) She is tall and thin. 그녀는 키가 크고 날씬하다.

3) She is good at math. 그녀는 수학을 잘한다.

4) She is fond of snowboarding. 그녀는 스노우보드 타기를 좋아한다.

5) She is able to play Gayagum. 그녀는 가야금 연주를 할 수 있다.

6) Jaime and her friends are going to swim in the lake. 제이미와 그녀의 친구들은 호
수에서 수영할 것이다.

7) My sister is poor at cooking. 나의 언니는 요리를 못한다.

8) Are they able to be counselors? 그들은 상담가가 될 수 있니?

2. be 동사의 과거형, 진행형, 수동태 만들기

이번 장에서는 be동사의 과거형을 사용해서 똑같은 형식들을 반복하여 확실히 다지기를 하도록 할게요. 여러분이 제 첫 번째 책인 초등영문법을 공부해 보셨다면 be동사의 과거형쯤은 이미 알고 있으리라고 생각합니다.

O1 am, is – was

O2 are – were

현재형의 의미가 '~이다, ~되다, ~하다, ~이 있다' 였으므로 과거형의 해석은 '~이었다, ~되었다, ~하였다, ~이 있었다'겠지요. 자 그럼 다음 예문을 통해서 1형식과 2형식으로 사용되는 be동사를 정복해서 여러분이 하고 싶은 모든 말들을 써 보자구요.

<u>We</u> <u>were not going to go</u> <u>to the cinema</u>. – 1형식
주어　　　　　동사구　　　　　　　　수식어(장소를 나타내는 부사구라고 합니다)
우리는　　　　가지 않을 것이다　　　　영화관에

<u>This MP3</u> <u>was hidden</u> <u>in the drawer</u>. – 1형식
주어　　　　　동사구　　　　　수식어(장소를 나타냄)
이 mp3는　　　숨겨져 있었다　　　서랍속에. *hidden–숨겨진

<u>My uncle</u> <u>is running</u>. – 1형식
주어　　　　동사구
나의 삼촌은　　달리는 중이다

여러분도 배운적이 있을 것입니다. 'be동사 +~ing ~하고 있는 중이다'라는 표현으로서 동작이 진행중인 것을 나타낼 때 사용하지요.

문 제

※다음 문장의 주어와 동사를
구분하고 형식을 쓰세요.

보기 : The cars are made in Korea. – 1형식, 그 차들은 한국에서 만들어졌다.
　　　　　S　　　　V

1) The car, Honda was made in Japan. 그 차, 혼다는 일본에서 만들어졌다.

2) We weren't swimming then. 우리는 그때 수영하던 중이 아니었다.

Words-tips

be good at : ~을 잘하다
be poor at : ~을 못하다
be fond of : ~을 좋아하다
socks : 양말

3) Was he good at speaking English? 그는 영어를 잘했었나요?

4) Children were poor at telling lies. 아이들은 거짓말을 하지 못했다.

5) Was your science book on the sofa? 당신의 과학책이 소파 위에 있었나요?

6) Are you fond of chatting? 당신은 수다 떠는 것을 좋아하세요?

7) Where were my socks? 내 양말, 어디에 있었나요?

8) My music teacher is going to go to Spain. 내 음악 선생님은 스페인으로 갈 것이다.

9) These cups were broken by him. 그가 이 컵들을 부쉈다. (이 컵은 그에 의해 부숴졌다.)

10) Our class will be taught by her. 그녀가 우리 반을 가르칠 것이다.

문 제

※ 보기와 같이 다음 문장의 형식을 쓰고 해석하세요.

보기 : The sun rises. – 1형식, 해가 뜬다.

1) My name is Min-hyung.

2) My eyes and hair color are dark brown.

3) Swimming is my favorite sport.

4) I am good at playing the flute.

5) My brother, Seong-Min is fond of drawing.

6) He may become a painter.

7) My brother and I are able to speak Chinese.

8) I am going to be a movie director.

9) My mom and dad are proud of me.

10) Her purse was stolen by a thief.

Words-tips

swimming : 수영
favorite : 좋아하는
be good at : ~을 잘하다
painter : 화가
be able to : ~을 할 수 있다
may : ~일지도 모른다
Chinese : 중국어
movie director : 영화감독
be proud of : ~을 자랑스러워하다
purse : 지갑
thief : 도둑

나도 영어로 일기 쏠래~
be 동사로 쓰기 -2

 오늘은 초등이가 옛 친구를 만났대요. 초등이의 영어일기를 살짝 훔쳐 볼까요?

2009년 5월 27일 수 날씨 : 너무 더움

제목 : 옛 친구

오늘 난 마트에서 옛 친구를 보았다. 갑자기 그 애의 이름이 생각이 나질 않았다. 그 친구는 예쁘고 착했다. 가끔 새침할 때도 있었지만.. 난 그 애를 좋아했었다. 그 애는 날 싫어했지만.. 흑흑 내가 그녀를 봤을때 여전히 예뻤다. 그러나 엄청 뚱뚱해져 있었다. 놀랐지만.. 괜찮았다.

어쨌든 그 아이에게는 아무말도 못했다. 왜냐하면.. 나는 부끄럼을 타서..

아! 생각났다. 그 아이의 이름은 리사였다. 리사!!

오늘밤에 그 친구의 꿈을 꿔야겠다.

Date : Wednesday. May. 27th. Weather: Very hot

Title : old friend

I saw an old friend in the mart. Suddenly I couldn't remember her name. She was pretty and kind. Sometimes she was prim. I liked her. But she didn't like me.

When I saw her she is still beautiful. But she is very fat. I was surprised but I didn't care.

Anyway I couldn't say anything because.... I was shy.

Oh! I remembered her name. She was Lisa. Lisa!

Tonight I will dream about her.

---

be 동사를 이용한 문장을 〈보기〉의 단어를 이용해 만들어 보세요.

1) 나는 새벽에 집에 있었다.

2) 나는 어제 바빴다. 그래서 학교에 갈수가 없었다.

3) 사과 세 개가 바구니 안에 들어 있었다.

〈보기〉
dawn 새벽
busy 바쁜
school 학교
basket 바구니

틀린 문장을 찾아 고친 후에 아래 빈칸에 다시 써보세요.

I saw a old friend in the mart. Suddenly I could remember her name. She are pretty and kinds. Sometime she was prim. I liked hers. But she didn't liked me. When I saw him she is still beautiful. But she is very fattest. I was surprised but I didn't care. Anyway I couldn't say anythings because.... I was a shy. Oh! I remembered she name. She was Lisa. Lisa! Tomorrow I will dreams about her.

나만의 일기를 써보세요.

Date :   Weather :

Title :

There is, There are를 활용한 영작

우리말로 '~이 있다'의 뜻을 가진 표현이
'There is'와 'there are'이에요.
이 챕터에서는 이를 활용한 영작법을 공부할 거에요.

Key Sentences

There is a bird in the tree.
새가 나무에 있다.

There are four spiders on the grass.
네 마리 거미가 잔디 위에 있다.

There is some juice in the bottle.
약간의 주스가 병 속에 있다.

There are a cake and a sandwich in the basket.
케이크와 샌드위치가 바구니 안에 있다.

There are clouds in the sky.
구름이 하늘에 있다.

Were there three benches on the hill?
3개의 벤치가 언덕 위에 있었니?

There wasn't any water in the pond.
그 연못에는 물이 없었다.

1. Learning 'there is, there are' 구문 배우기

'There is' 나 'There are'로 시작하는 문장에서 there는 실제로 아무런 뜻이 없어요. 다른 곳에서 쓰일 때는 there가 '거기에, 저기로' 등의 의미가 있지만 문장 맨 앞에 올 때는 아무 뜻이 없이 온답니다. 원래 문장의 맨 앞에는 주어가 오고 그 다음에 바로 동사를 써야하는데 there가 문장의 앞으로 나와서 문장을 이끌기 때문에 동사를 먼저 쓰고 바로 그 다음에 주어를 쓰게 됩니다.

> There is + 단수 명사 : ～이 있다, There are + 복수 명사 : ～이 있다
>
> 이런 형태의 문장에서 There는 아무런 뜻이 없습니다. 그저 문장을 보기 좋게 이끌기 위해서 맨 앞에 나왔는데 그 때문에 be동사가 먼저 나오고 그 다음에 주어가 따라 옵니다. 즉 문장의 순서가 바뀐 것이지요. 이런 there를 유도부사라고 부릅니다. 어려운 말이라고 생각되면 외우지 않아도 됩니다. 시간이 해결해 주니까요.

01 There is Seong—Min at the zoo. – 1형식
　　　동사　　　주어

　　　있다　　　성민이가　　　동물원에

02 There are a lot of flowers and trees in the park. –1형식
　　　동사　　　　　　주어

　　　있다　　　많은 꽃들과 나무들이　　　　　공원에

Tips-tips

장소에 관한 전치사

on : ～ 위에	in : ～ 안에
beneath : ～ 바로 아래에	near : ～ 가까이에
over : ～ 위에	in front of : ～ 앞에
under : ～ 아래에	behind : ～ 뒤에
above : ～ 위에	between : ～ 사이에(둘 사이)
below : ～아래에	next to : ～ 옆에

문 제

※다음 빈 칸에 "There is 와
There are" 중 알맞은 말을 쓰세요.

1) _____ a mouse under your chair.

너의 의자 아래에 생쥐가 있다.

2) _____ a man on the bench.

한 남자가 벤치에 있다.

3) _____ four beautiful posters on the wall.

네 개의 아름다운 포스터가 벽에 걸려 있다.

4) _____ a big cinema next to my house.

큰 영화관이 우리 집 옆에 있다.

5) _____ a lot of stores in front of the cinema.

그 영화관 앞에는 많은 상점들이 있다.

6) _____ two helicopters over the cinema building.

그 영화관 건물 위에는 두 대의 헬리콥터가 있었다.

7) _____ a lot of milk in the bottle.

병 속에는 많은 우유가 있다.

Tips-tips

milk(우유), water(물)이나 gold(금), iron(철), silver(은), gas(가스), smoke(연기)처럼 액체, 고체, 기체처럼 셀 수 없는 것은 단수로 생각한답니다. 정답을 쓸 때 다시 한 번 생각하시기 바랍니다.

8) _____ some gold beneath the box.

그 상자 바로 밑에 약간의 금이 있었다.

2. There is, There are의 과거형

다음은 동물원에 있는 동물친구들의 학교에서 일어나는 일들입니다.

A: 현재형

Where is my paintbrush?
내 그림붓이 어디에 있니?

It is in your bag, I think.
그것은 너의 가방 안에 있다고 생각해.

It isn't here, I am looking into my bag.
그것이 여기에는 없어 내가 가방을 찾고 있거든.

Look there! It's on the tree.
저기 봐! 나무 위에 있어.

There are some books on the tree too.
나무 위에 몇 권의 책들도 있어.

Someone put them there.
누군가 거기에 놓았군.

There are paints under the big mushroom.
큰 버섯 아래에 물감들이 있어.

B: 과거형

Where was my paintbrush?
내 그림붓이 어디에 있었니?

It was in your bag, I think.
그것이 너의 가방 안에 있었다고 생각해.

It wasn't here, I am looking into my bag.
그게 여기에는 없었어. 내가 찾고 있거든.

It was in the tree.
나무 위에 있었어.

There were some books on the tree too.
나무 위에 몇 권의 책들도 있었어.

Someone put them there.
누군가 거기에 놓았군.

There were paints under the big mushroom.
큰 버섯 아래에 물감들이 있었어.

기본기 다지기

1) There are some birds on the trees. 몇몇 새들이 나무에 있다.

2) There is a boy on the bench. 소년이 벤치에 있다.

3) There is a slide in the playground. 미끄럼틀이 놀이터에 있다.

4) There is a puppy under the slide. 강아지가 미끄럼틀 아래에 있다.

5) There are two girls behind the bench. 두 소녀에 벤치 뒤에 있다.

6) There isn't any money in my pocket. 어떤 돈도 내 주머니에 없다.

7) There aren't people in the park. 사람들이 공원에 없다.

1) 제시카 알바의 귀걸이가 어디에 있었니? (Jessica Alba, where, earings)

2) 그것들은 소파위에 없었다. (on the sofa)

3) 왜 그것이 거기에 있지? (why, there)

4) 그녀가 어제 밤에 소파에서 잤다.(last night)

5) 그녀의 구두는 어디에 있니? (where, shoes)

6) 그것들은 소파 옆에 있다. (next to the sofa)

7) 제시카의 시계는 테이블 아래에 있다. (under the table)

8) 제시카의 머리핀이 보석상자 안에 없었다. (hair pin, jewelry box)

9) 그녀의 팔찌도 없다. (bracelet)

10) 그러나 그녀의 반지는 바닥에 있었다. (on the floor)

나도 영어로 일기 쓸래~
there is,
there are로 쓰기

 오늘은 초등이가 형아와 눈싸움을 했대요~ 초등이의 일기를 살짝 훔쳐볼까요?

2009년 1월 3일, 금 날씨 : 눈
제목 : 갈색 가죽 지갑

낮에 형아와 눈싸움을 했다. 밖에 눈이 엄청 많았다. 너무나 좋았다. 갑자기 난 눈 속에서 이상한 무언가를 발견했다. 가죽 지갑이 있었다. 눈속에서 갈색 가죽 지갑을 꺼냈다. 그 안에는 500원이 있었다. 샅샅이 뒤져보니.. 학생증도 있었다. 예쁜 여자친구의 사진도 있었다. 아마도 지갑의 주인인 것 같았다. 내일 주인을 찾아주어야겠다.

Date : Friday. January. 3rd. Weather: Snowy
Title : Brown leather wallet

I had a snowball fight in the afternoon. There was much snow. I was happy. Suddenly I found something strange. There was a wallet. I pulled out a small brown leather wallet. There were 5 dollars in there. I looked inside the wallet. There was a student ID card. There was a pretty girl's picture too. Maybe she must be a wallet's owner. Tomorrow I will find a wallet's owner.

---

there is/are와 there are/were를 이용한 문장을 만들어 보세요. (평서문)

1) 주머니 안에 연필이 하나 있다.

2) 놀이동산에 아이들이 정말 많았다.

3) 밖에 눈이 많이 있다.

4) 극장 안엔 사람들이 많이 있었다.

〈보기〉

pocket 주머니
pencil 연필
amusement park 놀이공원
theater 극장

틀린 문장을 찾아 고친 후에 아래 빈칸에 다시 써보세요.

I had a snowball fight in a afternoon. There was a much snows. I was happy. Suddenly I found something strange. There were a wallet. I pulled out small brown leather wallet. There was 5 dollars in there. I looked inside the wallet. There were a student ID card. There are a pretty girl picture too. Maybe she must be a wallet's owner. Tomorrow I will finding a wallet's owner.

나만의 일기를 써보세요.

Date :   Weather :

Title :

Chapter 7

이 챕터에서는 'have' 동사의 인칭에
따른 변화와 다양한 의미를 공부할 거에요.

Have 동사를 이용하여 영작하기 Ⅰ

Key Sentences

I have a mother and a father.
나는 어머니와 아버지가 계시다.

They have gentle personalities.
그분들은 온화한 성격을 가지고 계시다.

I also have a grandfather and a grandmother.
나는 또한 할아버지와 할머니도 계시다.

They like to have nice clothes on.
그분들은 멋진 옷 입는 것을 좋아하신다.

I have a younger brother.
나는 남동생이 있다(가지고 있다).

He likes to have Ramyeon(instant noodle).
그는 라면 먹는 것을 좋아한다.

I have an aunt, too.
나는 이모도 있다.

She has a very beautiful face.
그녀는 아름다운 얼굴을 가지고 있다.

🐾 **목적어(objects)** : 문장의 형식을 처음 배울 때 반
드시 접하게 되는 4개의 주인공 중 하나이지요.
해석은 Chapter 2에서 배운 대로 '~을, 를, ~에
게'로 보통 해석이 된답니다. 반드시 동사와 전치
사 다음에 오는 말이지요. 지금부터 배우는 have
는 목적어를 갖게 되는 3형식으로 거의 사용되므
로 다시 한 번 짚고 넘어가는 것이랍니다.

1. Learning 'have' verb: 'have' 동사 배우기

원래 'have'라는 동사는 '가지고 있다, 먹다, 시간을 보내다' 등의 대표적인 뜻으로 보통 해석되어 사용됩니다. 이미 이러한 의미는 알고 있겠지요. 2장에서는 have라는 동사가 문장에서 다양하게 사용되어 여러분이 쉬운 영어문장을 말하거나 쓰고자 할 때 어떻게 활용되는지 알아보기로 해요.

have동사도 be동사처럼 3가지 인칭에 따라 약간 변형을 합니다. 1인칭(I, we)과 2인칭(you)에는 have를 그대로 사용하지만 3인칭 단수(1개나 1명)에는 have를 has로 바꾸어 사용한답니다. 여기서 3인칭이란 나와 너, 즉 1인칭과 2인칭을 제외한 나머지 제3자를 모두 3인칭이라고 한답니다.

'have'는 대표적인 3형식 동사입니다. 즉 목적어 '~을, ~를'이 have 동사 뒤에 온다는 것을 말하지요. 'have'는 상황에 따라 여러 가지 뜻으로 쓰입니다. 아래의 예문들은 모두 3형식으로 쓰인 것들입니다.

01 가지고 있다, 소유하다

I have a headache. – 3형식
주어 동사 목적어(~을)

나는 가지고 있다 두통을(머리가 아프다).

02 ~을 먹다, 마시다, (담배 등을) 피우다

She and I have a cup of coffee. – 3형식
주어 동사 목적어

그녀와 나는 마신다 커피 한 잔을

03 입다

She has a blue sweater on today. – 3형식
주어 동사 목적어

그녀는 오늘 파란 스웨터 입었구나.

기본기 다지기

S(subjects) − 주어, V(verb) − 동사, O(objects) − 목적어

보기: I　have　a big family. 우리집은 식구가 많다.
　　　S　V　　O

1) I have five sisters.

2) I have good eyesight.

3) We have no school tomorrow.

4) I have no aunt.

5) They have a monthly meeting.

6) Jack and Jill have pizza at fancy restaurant.

7) I have no idea.

8) My son has a fever.

9) He has a PMP Player.

Words-tips

eyesight : 시력
aunt : 이모
a monthly meeting : 월례회의
fancy : 비싼
fever : 열

2. have의 과거형, 부정문, 의문문

'have'의 현재형이 3인칭 단수의 주어와 함께 쓰이면 'has'가 되는 것은 알고 있지요. 그러나 아직도 익숙하지 않은 분들을 위해 이곳에서 한 번 복습하구요. 또한 과거형 'had'도 공부하고 문제를 통해 연습하기로 해요.

이미 앞에서 배운 다른 동사들을 통해서 부정문이나 의문문이나 문장의 형식은 똑같다는 것을 배웠으리라고 생각해요. 아래 예문에서 확인해 보기로 해요.

Sally has breakfast every morning.
샐리는 매일 아침식사를 한다(먹는다).

→ <u>Sally</u> <u>doesn't have</u> <u>breakfast</u> every morning.
　주어　　　　 동사구　　　　 목적어

　샐리는　　　 먹지 않는다　　　 아침을　　　　　　 매일 아침

🐾 여기서 잠깐 짚어 볼까요. 'every morning'은 매일 아침이라는 부사구이므로 문장의 형식을 결정하는 요소가 아니라는 것 다시 한 번 강조합니다. 또한 긍정문이 아닌 부정문에서 '～이 아니다'라는 부정어는 동사의 덩어리에 같이 하나로 여긴답니다.

→ Sally <u>didn't have</u> breakfast this morning.
　　　　　 먹지 않았다

문장의 형식과 모든 것은 다 같구요. 다만 시제가 과거이므로 didn't를 사용하여 부정하였습니다. 위의 세 가지 문장은 모두 3형식에 해당하지요.

보기: <u>I</u> <u>don't have</u> <u>a big family</u>. 우리집은 식구가 많지 않다.
　　　 S　　　V　　　　O

1) I had a sweater on.　나는 스웨터를 입었다.

2) Did you usually have breakfast?　너는 주로 아침을 먹었니?

3) Let's have some coffee.　커피를 마시자.

4) Did you have cookies here?　넌 여기에서 쿠키를 먹었니?

5) He didn't do his homework yesterday.　그는 어제 숙제를 하지 않았다.

6) My baby didn't have a sore throat last night.　내 아기는 어젯밤 목이 아프지 않았다.

7) I have some money.　나는 돈을 조금 가지고 있다.

Words-tips
usually : 보통
sore : 아픈/쓰린
throat : 목
musical : 음악적인
talent : 재능

8) Does he have a CD player?　그는 CD플레이어를 가지고 있니?

9) You didn't have a musical talent.　너는 음악적인 재능이 없었어.

보기: <u>You</u> <u>have</u> <u>no sense of fashion</u>. 너 패션감각이 없는 것 같아.
     S   V   O

1) Does he have something to tell me?

2) I have sufficient information.

3) Do you have the time?

4) You had normal vision.

5) I don't have anything on tonight.

6) His father has an eye trouble.

7) Last night she had a lot of pizza.

8) My cousin has a dream to be an ambassador.

9) He had no complaints.

> **Words-tips**
>
> sufficient : 충분한
> information : 정보
> normal : 정상적인
> vision : 시력
> ambassador : 대사
> complaint : 불평

나도 영어로 일기 쏠래~ have 동사로 쓰기 -1

 초등이의 일기를 살짝 훔쳐 볼까요?

2009년 3월 22일 화요일 날씨 : 비
제목 : 욕심쟁이 초등이~

오늘 난 내 것에 대해 생각했다. 난 어렸을때 참 샘이 많았다. 그래서 남의 물건들을 가지고 싶어했다. 예를 들면 "난 작은 지우개를 가지고 있어. 내 친구 진호는 큰 지우개를 가지고 있고.. 큰 지우개 갖고 싶다. 내 컵에 우유는 적어. 형꺼는 많아. 우유 많이 먹고 싶다. 난 키가 작고, 왜 내동생은 크지..." 이런식으로 말이다. 그때는 왜 그랬을까? 지금은 참 너그러운데 말이다. 이제부터 나의것을 사람들에게 줘야겠다. 나의 숙제도... 나의 할 일도... 하하하...

Date : Tuesday. March twenty-two. Weather: Rainy
Title : greedy 초등이

Today I thought about "my belongings". When I was young I was very greedy. So I want to have other's things. For example "I have a small eraser. My friend, Jin-ho has a big eraser. I want to have a big one. I have a little milk in my cup. My brother has much milk. I want some more milk. I am short. My brother is long." like this.... Why did I think such that? Now I am very generous. From now on I will give everyone my things. My homework, my duties.. hahaha

---

have를 이용한 문장을 만들어 보세요.

1) 그녀는 돈을 많이 가지고 있니?

2) 나에게 강아지 3마리가 있다.

3) 그는 어디에서 저녁을 먹었니?

2. 목적보어가 수동인 경우

5형식의 대표적인 동사인 사역동사를 배울 때 목적보어 자리에는 반드시 동사원형만 온다고 학생들에게 가르치곤 합니다. 그러나 실제로 그 말은 맞지 않습니다. 왜냐하면 목적어가 수동인 것인 경우에는 목적보어로 과거분사가 오기 때문이죠. 처음에 배울 때 한꺼번에 배우면 혼란스러우니까 아꼈다가 기본 개념을 익히고 나면 설명하는 것이랍니다.

01 He   had   his purse   stolen   in the bus. – 5형식
　　주어　　동사　　목적어　　　목적보어

　　그는　　당했다　　그의 지갑을　　도난　　　버스에서

02 He   had   his car   washed   by his brother. – 5형식
　　주어　　동사　　목적어　　목적보어

　　그는　　시켰다　　그의 자동차가　　세차되도록　　그의 동생에 의해

= 그는 그의 차를 동생이 세차하도록 시켰다

= He got his car to be washed by his brother. – 5형식

여러분이 위의 두 문장을 보면 다른 점을 발견할 수 있을 것입니다. 혹시 짐작이 가나요? 이미 어떤 사람은 눈치 챘을 겁니다. 똑같은 had가 해석이 다르게 되어 있을 것입니다. 왜냐구요? 주어의 의지로 사건이 진행되면 had를 '~시켰다'로 해석하구요, 주어의 의지가 아닌 경우는 '~당했다'로 해석한답니다.

첫 번째 문장에서 그가 지갑이 훔쳐지도록 시켰을 리가 없잖아요. 그래서 그런 경우에는 지갑을 '도둑 맞았다'로 해석한답니다.

보기 : <u>He</u> <u>had</u> <u>his car</u> <u>washed</u> by his brother. — 5형식, 그는 그의 남동생이 그의 차를 세차하도록 시켰다.
      S   V   O   O.C

1) She had her hair cut.

2) She got her hair to be cut.

3) I had my cell phone repaired by him.

4) I got the roof to be fixed by Jason.

5) He got his mp3 player to be repaired.

6) My aunt had my computer repaired by him.

Words-tips

cell phone : 핸드폰
repair : 수리하다
roof : 지붕
fix : 수리하다
baggage : 짐

7) They had their baggages stolen in the airport.

8) Miss Browse has her gown washed by her mom every day.

9) We didn't have them cook dinner.

문 제

※다음 문장의 괄호 안에 알맞은 말을 고르세요.

1) The teacher had his students (hand in, handed in) their homework.

그 선생님은 그의 학생들이 숙제를 제출하도록 시켰다.

2) The teacher had his students' homework (hand in, handed in).

그 선생님은 그의 학생들의 숙제가 제출되도록 했다.

3) He usually has his wife (washes, washed) dishes.

그는 주로 그의 부인이 설거지를 하도록 시킨다.

4) He usually has dishes (washes, washed) by his wife.

그는 주로 그의 부인이 설거지를 하도록 시킨다.

5) My classmates had Sarah's dog (catch, caught) the ball.

나의 반 친구들은 사라의 개가 그 공을 잡도록 시켰다.

6) My classmates had the ball (catch, caught) by Sarah's dog.

나의 반 친구들은 사라의 개가 그 공을 잡도록 시켰다.

7) She got me (to carry, carry, carried) a big bag.

그녀는 내가 큰 가방을 옮기게 했다.

Words-tips

hand in : 제출하다
classmate : 학우
carry : 옮기다
pick up : 들다
trash : 쓰레기

8) She got a big bag (to carry, carried, to be carried) by me.

그녀는 내가 큰 가방을 옮기게 했다.

9) Ms. Lee (has, gets) our classmates to pick up trash.

LEE 선생님은 우리 반 친구들이 스레기를 줍게 했다.

10) Ms. Lee (had, got) trash to be picked up by our classmates.

LEE 선생님은 우리 반 친구들이 스레기를 줍게 했다.

나도 영어로 일기 쏠라~
have 동사로 쓰기 -2

 초등이의 일기를 살짝 훔쳐 볼까요?

2009년 11월 20일 화요일 날씨 : 흐림

제목 : 변해가는 나

오늘 엄마가 미국에 가셨다. 할머니 할아버지가 그곳에 사시기 때문이다.

1달 후에 엄마는 오실것이다. 오늘부터 난 자유다.

그러나 엄마는 엄마가 안계시는 동안 내가 바뀌길 원하신다. 매일 그러셨다.

"가서 머리좀 깎라라, 머리좀 염색좀 해라 치과에 가서 이 좀 치료 받아라."

모든 것을 할 것이다. 그러나 치과는 가기 싫다. 어쩌지?

Date : Tuesday. November twenty. Weather: Cloud

Title : I am changing

Today my mother went to the U.S.A. My grandparents live there. I month later my mom will come back. From now on I am free. But my mom wants to changing me while she is gone. She always said "Go and have your hair cut, have your hair dyed and have your teeth treated." I will do everything. But I don't want to go to the dentist. what should I do?

🍭 have를 이용한 문장을 만들어 보세요.

1) 아빠는 나의 머리를 자르라고 시키셨다.

2) 난 나의 고양이에게 치즈를 가져오라고 시켰다.

3) 집에 갈수 있도록 허락해 주세요.

4) 엄마는 항상 나에게 방청소를 시키신다.

틀린 문장을 찾아 고친 후에 아래 빈칸에 다시 써보세요.

Today my mother went the U.S.A. My grandparents live there. 1 months later mom will comes back. From now on I am a free. But mom wants to changing me while she is gone. She always said "go and have your hair cutting, have your hair dyed and have your teethes treated." I will do everything. But I don't want to go to the dentist. What should I do?

나만의 일기를 써보세요.

Date : _____ Weather : _____

Title : _____

_____

_____

_____

Chapter 9

Want, Would like 동사를 이용하여 영작하기

이 챕터에서는 '~을 원하다, ~하고 싶다'의 뜻을 가진 'want'와 'Would like'의 활용법을 공부하겠어요.

Key Sentences

I want some pizza.
= I would like some pizza.
나는 약간의 피자를 원한다.

He wants to be a musician.
= He would like to be a musician.
그는 음악가가 되기를 원한다.

I don't want to see you.
너를 만나고 싶지 않다.

I want them singing in tune!
그들이 음을 맞추어 노래하면 좋겠어!

We want our team to win.
우리 팀이 이겼으면 좋겠어요.

Your brother wanted to thank me then.
너의 오빠가 그 때 내게 감사하기를 원했었다.

1. Want와 Would like를 사용한 3형식 문장

'want' 와 'would like'는 둘 다 '~을 원하다, ~하고 싶다'의 의미인데요. 실제 생활에서 사용할 때 'want' 보다는 'would like'가 좀 더 공손하고 무례하지 않고 부드러운 표현이 된답니다. 너무 'want'를 강조하면 자기 주장이 강하고 상대에게 무례한 인상을 줄 수 있으니 상황에 따라 잘 사용하시면 좋겠습니다.

<u>They</u> <u>want</u> <u>some cheese</u>. – 3형식
주어   동사   목적어구

그들은   원한다   약간의 치즈를

<u>They</u> <u>would like</u> <u>some cheese</u>. – 3형식
주어   동사구   목적어구

그들은   원한다   약간의 치즈를

<u>I</u> <u>don't want</u> <u>to study chemistry</u>. – 3형식
주어   동사구   목적어구

나는   원하지 않는다   화학 공부하기를

<u>I</u> <u>would not like</u> <u>to study chemistry</u>. –3형식
주어   동사구   목적어구

나는   원하지 않는다   화학 공부하기를

would like는 두 단어가 모여서 want와 같은 뜻을 나타내므로 하나의 동사로 본답니다. 위의 예문의 경우 목적어가 짧은 명사도 있구요. '부정사(to + 동사원형)'를 사용해서 길게도 왔습니다. 목적어의 자리에는 단어 한 개가 올 수도 있구요. 문장이 올 수도 있다는 점 알아두어야 해요.

91

기본기 다지기

보기 : <u>They</u>   <u>would like</u>   <u>some cheese</u>. – 그들은 약간의 치즈를 원한다.
       S   V   O

1) They want to see her very much.

2) I want a real holiday.

3) You want to book a double room for two nights.

4) He wants a doll as a present for my sister.

5) She wants two sugars in her coffee.

6) We want to wear the white dresses.

7) I want to hear all your news.

8) He and I want to sell the house.

9) I want a house with a nice view.

Words-tips

holiday : 휴일
wear : 입다
sell : 팔다
view : 시야, 경관

2. want와 would like를 사용한 5형식 문장

5형식 문장이 다시 등장하게 되는데 이제 5형식 동사들이 만드는 문장이 조금은 익숙해졌는지 궁금하네요. 1번에서는 want 와 would like 가 거의 같은 뜻으로 쓰여서 똑같이 3형식 문장을 이루는 것을 보았는데요, 이번에는 5형식을 만드는 경우를 알아 보기로 해요.

I   want   to be a florist. – 3형식
주어   동사   목적어

나는   원한다   꽃집 주인이 되기를

I   want   you   to be a florist. – 5형식
주어   동사   목적어   목적보어

나는   원한다   네가   꽃집 주인이 되기를

첫 번째 문장에서는 원하는(want) 사람도 I(주어)이고 꽃집 주인이 되기(to be a florist)를 원하는 사람도 I(주어)입니다. 그러나 두 번째 문장에서는 원하는 사람은 I(주어)인데 꽃집 주인이 되어야 하는 사람은 목적어인 you입니다. 따라서 "to be a florist"는 you를 보충해 주는 말이 되는 것이고 목적어를 보충 설명해 주므로 목적보어라고 부른답니다.

I   would like   steak. – 3형식
주어   동사   목적어

나는   원한다   스테이크를

I   would like   my steak   well done. – 5형식
주어   동사   목적어   목적보어

나는   원한다   내 스테이크가   잘 익혀지기를

= 스테이크는 바싹 구워 주십시오.

보기: <u>I</u>　<u>want</u>　<u>you</u>　<u>to be a florist</u>. - 나는 네가 꽃집 주인이 되기를 원한다.
　　　S　　V　　O　　　O.C

1) I want you to thank him.

2) I want it typed right away, please.

3) I would like you to tidy the kitchen.

4) I want her to keep learning the violin but her heart's not in it.

5) I want you to go at once.

6) I would like this work finished without delay.

7) We want you for our team.

8) I want everything ready by tomorrow.

9) They want us to finish the job in two weeks.

Words-tips

tidy : 정리하다
learn : 배우다
heart : 마음
finish : 끝내다
without : ~없이
delay : 미루다

보기: I want you to give me money. – 나는 네가 나에게 돈을 주길 원해.
　　　 S　 V　 O　　　O.C

1) I want to become a pilot.

2) I want to live elsewhere.

3) We want our team to win.

4) I want to have a dog.

5) I don't want to go on working here.

6) Do you want ketchup on your hamburger?

7) If you want to camp in this field you must ask the farmer's permission.

8) Do you want to walk or ride?

9) I want it (to be) done as quickly as possible.

Words-tips

pilot : 비행조종사
camp : 야영하다
field : 농장
permission : 허락
as quickly as possible :
가능한 한 빨리

나도 영어로 일기 쏠래~
want, would like
동사로 쓰기

 드디어 초등이가 겨울 방학을 했대요~ 초등이의 일기를 살짝 훔쳐 볼까요?

2009년 12월 1일 월요일 날씨 : 눈

제목 : 신나는 방학

내일은 방학식날이다. 너무나 신났다. 갑자기 엄마가 종이 한장을 가지고 오셨다. 그건 바로 엄마의 숙제였다. 이번 겨울방학에 뭘하고 싶으냐고 물으셨다. 그리고 종이에 적어 보라고 하셨다. 난 내가 하고 싶은일을 쫙 적었다. 1.나는 하루 종일 놀고 싶다. 2.나는 컴퓨터 게임을 하고 싶다. 3.나는 로보트를 만들고 싶다. 4.나는 스키 타고 싶다. 5.나는 스키 캠프에 가고 싶다. 그런데 엄마는 별로 기뻐하지 않으셨다. 뭔가 다른걸 원하시는것 같았다. 엄마는 나에게 또 물으셨다. "초등아 영어공부는 하고 싶지 않냐?" 난 아니라고 말씀드렸다. 엄마는 아무말없이 방에서 나가셨다. 화가나신거 같았다. 내가 뭘 잘못한건가? 난 내가 방학때 하고 싶은일을 말씀드린것 뿐인데.. 모르겠다. 내가 어찌해야 하는거지? 휴..

Date : Sunday. December 1. Weather: Snowy

Title : Exciting Vacation

Tomorrow is a vacation. I was so excited. Few minutes ago, my mom came to my room with a paper. That's mom's homework. Mom asked me "What do you want to do in your vacation? And write down what you want to do." So I wrote....

1. I want to play all day long. 2. I want to play computer games. 3. I want to make a model robot. 4. I want to go skiing. 5. I want to go to ski camp. But my mom was not glad. I think that mom wants to do other things. Mom asked again. "Do you want to study English? I said "NO"

Mom went out of my room without saying. Maybe she was angry. What's wrong? I just said I want to do in my vacation. I don't know. What should I do?

---

want를 이용한 문장을 만들어 보세요.

1) 우유 먹고 싶니?

2) 그녀는 장난감을 갖고 싶어 한다.

틀린 문장을 찾아 고친 후에 아래 빈칸에 다시 써주세요.

Tomorrow is vacation. I was so excited. Few minutes ago, my mom come to my room with a paper. That's mom's homeworks. Mom asked me "What do you wanting to do in your vacation? And write down what you want to do." So I write....1. I want to play all day longs. 2. I want to play a computer games. 3. I want to made a model robot. 4. I want to go ski. 5. I want to go to ski camp. But my mom was not a glad. I think that mom wants to do other things. mom asked again. "Do you want to study English? I said "NO". Mom went out of my room with saying. Maybe she was angry. What's a wrong? I just said I want to do in my vacation. I don't know. What should I do?

나만의 일기를 써보세요.

Date :

Weather :

Title :

Chapter 10

Love와 Like 동사로 쓰기

이 챕터에서는 'love'와 'like' 동사를 공부하고,
연습문제를 통해 좀 더 심화학습을 해보아요.

Key Sentences

You like hot cocoa.
너는 뜨거운 코코아를 좋아한다.

She loves green tea.
그녀는 녹차를 매우 좋아한다.

I love music.
= I like music.
나는 음악을 사랑(좋아)한다.

They like to play computers.
= They love to play computers.
그들은 컴퓨터 게임을 하기를 원한다.

"love"는 "사랑하다"라는 뜻으로 사용되지만 일상생활영어에서는 "like-좋아하다" 와 같은 의미로도 자주 사용되며, 매우 많이 좋아하는 것이나 그런 일들을 표현할 때 "like"대신 "love"를 사용한답니다.

1. 목적어가 명사나 대명사인 경우

'love'와 'like' 동사는 거의 3형식으로 사용됩니다. 가끔은 5형식으로 쓰이기도 하지만 많지 않아요. 그래서 3형식의 용법을 알아보기로 해요. 우리는 'love'라는 단어를 남녀 간의 이성적인 사랑에만 주로 많이 사용하는 편이지만 외국 사람들은 일상생활에서도 많이 사용하고 있답니다.

<u>Tommy</u> <u>likes</u> <u>cheese</u>.
　　주어　　　　동사　　　목적어
　　토미는　　　좋아한다　치즈를

<u>Tommy</u> <u>doesn't like</u> <u>butter</u>.
　　주어　　　　동사구　　　　목적어
　　토미는　　　싫어한다　　　버터를

<u>Maria and Melana</u> <u>love</u> <u>blue jeans</u>.
　　　　주어구　　　　　　동사　　　목적어구
　마리아와 멜리나는　　매우 좋아한다　청바지를

<u>But they</u> <u>didn't love</u> <u>them</u> before.
　　　주어　　　　동사구　　　　목적어
그러나　그들은　　좋아하지 않았다　청바지를　　전에는

위의 문장들의 목적어로 쓰인 단어들은 단순한 명사나 대명사이어서 구별하기가 매우 쉬웠지요. 이제는 여러분들도 기본적인 문장에서 목적어를 찾기가 익숙해졌으리라고 생각해요. 가끔 학생들 중 "blue jeas와 같은 목적어에서 'blue-파란'은 형용사인데 왜 목적어인가요?"라고 질문하곤 한답니다. 여기에서 blue는 jeans(청바지)를 꾸미고 있고 두 단어가 모여 좀더 정확한 설명이 이루어지지요. blue는 jeans를 꾸미므로 2개를 하나의 묶음으로 보아서 '목적어구'라고 하는 것이랍니다.

기본기 다지기

보기: <u>They</u> <u>like</u> <u>some cheese</u>. – 그들은 몇몇 치즈를 좋아한다.
　　　　S　　V　　　O

1) I love him dearly.

2) I love the country, especially in spring.

3) I love my dad.

4) I like it, too.

5) People should love one's parents.

6) We like most students.

7) His girl friend didn't love pets.

8) Do you like summer?

Words-tips

dearly : 정말로
especially : 특별히
parents : 부모님

9) Did he love winter?

2. 목적어가 부정사구, 동명사구인 경우

Min-hyung likes <u>to watch movies</u>. - 3형식
　　주어　　　　동사　　　　목적어구

민형이는 좋아한다 <u>영화 보는 것을</u>

= Min-hyung likes <u>watching movies</u>.

Min-hyung loves <u>to watch movies</u>. - 3형식
　　주어　　　　동사　　　　목적어구

민형이는 좋아한다 <u>영화 보는 것을</u> 매우 많이

= Min-hyung loves <u>watching movies</u>.

I like <u>to take a winter vacation</u>. - 3형식
주어 동사　　　　목적어구

나는 좋아한다 <u>겨울 휴가 가는 것을</u>

= I like <u>taking a winter vacation</u>.

love와 like동사는 부정사나 동명사를 모두 목적어로 써도 되며 그 뜻도 변하지 않아요. 그래서 위의 짝으로 된 두 문장이 의미가 같답니다.

부정사, 즉 'to + 동사원형'과 동명사, 즉 '동사원형+ing'는 동사 다음에 목적어로 올 때 '~하는 것, ~하기'로 해석된다는 것 잊지 마세요.

단순히 명사나 대명사가 목적어로 오지 않아서 이것도 목적어인가라고 생각하는 학생들이 있을 거예요. 그러나 동사 다음에 오는 말의 길이와 상관없이 그 말들을 우리말로 해석했을 때 '~하는 것, ~하기'로 해석이 되면 그것들도 역시 명사로 포함시킨다는 것을 명심하세요.

기본기 다지기

문 제

※다음의 문장의 해석에 맞게 주어, 동사, 목적어 등을 써 넣으세요.

1) _____ new notebooks.

　　학생들은　　원한다　　공책들을

2) Seong-min _____ toy cars.

　　성민은　　좋아한다　장난감 자동차를

3) Min-hyung and Min-seo _____ take a bath.

　　　　민형이와 민서는　　　매우 좋아한다　　목욕하는 것을

4) Some children _____ to study math.

　　어떤 아이들은　　　　좋아하지 않는다　　　수학공부 하는 것을

5) I _____ .

　　나는　　감사하고 싶었다　　　그에게

6) My husband _____ .

　　내 남편은　　매우 좋아한다　　　청소하기를

※다음의 문장을 해석하고 형식을 말하세요.

7) His daughter wants to be a pilot.

8) Children love dressing up.

9) She loves working.

102

문 제

※ 다음 문장을 보기와 같이 해석하고 주어, 동사, 목적어를 구분하여 밑줄을 그으세요.

보기 : I <u>like</u> <u>to take a winter vacation.</u> – 난 겨울방학을 갖고 싶다.
　　　 S　V　　　 O

1) I love your laptop.

Words-tips

laptop : 휴대용 컴퓨터, 노트북
brotherly : 형제의
mushroom : 버섯
unfortunately : 운 나쁘게도
adventure : 모험
regularly : 규칙적으로
keep one's hand in : 연습하다

2) Every one loves God.

3) I like to feel brotherly love.

4) I like watching the gardening programmes on television.

5) We like our friends to be honest.

6) I like mushrooms but unfortunately they don't agree with me.

7) I like my steak well done.

8) Children like 'The Adventures of Tom Sawyer'.

9) I like to play tennis regularly, just to keep my hand in.

나도 영어로 일기 쓸래~ like, love 동사로 쓰기

🌱 초등이가 꿈속에서 난장이가 되었대요~ 초등이의 일기를 살짝 훔쳐 볼까요?

2009년 7월 4일 월요일 날씨 : 맑음

제목 : 초등이의 꿈

어젯밤에 꿈을 꾸었다. 꿈속에서 난 난장이였다. 난 백설공주를 만났다. 난 백설공주와 사랑에 빠졌다. 난 공주님을 좋아했다. 공주님은 호수같은 사랑스런 눈을 가지고 있었다. 난 공주님을 사랑했다. 그는 착한 맘씨를 가졌다. 그래서 난 백설공주에게 남자친구가 되고 싶다고 말했다. 그러나 그녀는 다른 왕자를 사랑한다고 말했다. 난 매우 슬펐다. 그래도 영원히 백설공주를 사랑할꺼다. 내가 비록 난장이지만... 잠에서 깨었을때... 나는 울고 있었다. 나도 놀랐다. 진짜로 꿈에서 백설공주를 사랑했나 보다.

Date : Monday. July fourth. Weather: Sunny

Title : The dream of 초등이

Last night I had a dream. In my dream I was a dwarf. I met The Snow White. I fell in love with her. I liked her. She has lovely eyes like a lake. I loved her. She has kind heart. So I talked to her "I want to be your boy friend". But she said "I have my lover, he is my boy friend". I was very sad. But I will love forever even I am a dwarf. When I wake up I was crying. I was surprised. In my dream I really loved her.

🍭 like와 love를 이용한 문장을 만들어 보세요.

1) 넌 농구하는것을 좋아하니?

2) 우린 서로서로 사랑한다.

3) 그녀는 공포영화를 좋아하니?

틀린 문장을 찾아 고친 후에 아래 빈칸에 다시 써보세요.

Last night I have a dream. In my dream I was dwarf. I met The Snow White. I fell on love with her. I liked her. She has lovely eye like lake. I loved her. He has a kind heart. So I talked to her "I want to be your boy friend". But she said "I have my lover, he is my boy friend". I was a very sad. But I will love forever even I am a dwarf. When I wake up I was crying. I was surprised. In a my dream I really loved her.

나만의 일기를 써보세요.

Date : 　　　　　　　　　　　　　　　　Weather : 　　　　　　　　　

Title :

Chapter 11

이 챕터에서는 각 문장의 형식에 따른
'make' 동사의 의미와 활용에 관해 공부하겠어요.

Make 동사를 이용하여 영작하기 I

Key Sentences

Honeybees make honey.
꿀벌은 꿀을 만든다.

She made for the exit.
그녀는 출구로 향했다.

Two halves make a whole.
반쪽이 두 개면 하나가 된다.

She will make a good wife.
그녀는 좋은 아내가 될 것이다.

I can't make him out.
나는 그의 말을 이해할 수가 없다.

We can make some more.
우리는 몇 개 더 만들 수 있습니다.

Don't make fun of friends.
친구들을 놀리지 말아라.

Words-tips

make for : ~쪽으로 향하다
half : 반
whole : 전체
make fun of : ~를 놀리다

영어에서 동사가 오로지 한 가지 형식으로만 쓰이는 경우는 거의 없습니다. 대부분 2~3정도까지 형식으로 변신하여 사용되는데요, 그 중에 make동사는 1~5형식까지 모두 쓰이는 동사랍니다. 변신을 아주 자유롭게하며 여러 가지 문장에서 여러 가지 뜻으로 사용되는 대표적인 동사랍니다.

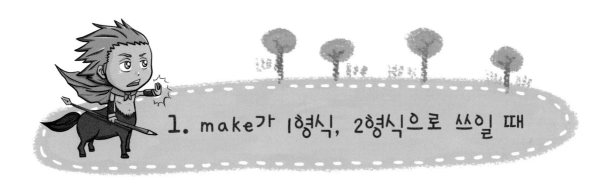

He   will make   good   in that job. – 2형식
주어   동사구   보어

그는   성공할 것이다   그 일에서

여러분이 문법 공부할 때 배웠던 전치사(명사 앞에 쓰이는 것), 즉 위 문장에서는 'in'이 되겠지요. 전치사 뒤에 오는 말들은 그 전치사와 함께 문장의 주요 성분이었던 주어나, 목적어, 보어의 자격을 상실하게 됩니다. 따라서 아무리 많아도 문장의 형식을 바꾸지는 못한답니다. 이런 전치사와 함께 쓰인 것들을 전치사구라고 하구요 수식어(꾸미는 말)입니다.

It   makes   for the well-being of the people. – 1형식
주어   동사   전치사구

그것은 증진시킨다(잘 살게 만든다)   국민의 복지를

The thieves   made off   with the silver ware.
주어   동사구   부사구

도둑들이   도망쳤다   은그릇을 가지고

위의 문장들에서는 make 동사가 여러분이 알고 있던 '만들다'가 아닌 ~로 향하다, 가다, ~이 되다 등으로 쓰였지요.

make 동사가 '~향하다, 가다'로 쓰이면 완전 자동사로서 1형식 문장이 되구요. '~이 되다, ~이다 ~으로 변하다'로 쓰이면 불완전 자동사로서 2형식 문장이 된답니다.

Words-tips
thief : 도둑
thieves : 도둑들(복수)
make off : 도망치다
silver : 은색
ware : 그릇

문 제

※다음 문장을 보기와 같이 해석하고 주어와 동사를 구분하세요.

보기: <u>The thieves</u> <u>made</u> off with the silver ware. – 그 도둑들은 은그릇을 가지고 도망쳤다.
　　　　　S　　　　V

1) The ship made for the open sea.

2) Ten and five make fifteen.

3) He will make a good lawyer.

4) We made the station just in time.

5) Two added to three makes five.

6) We make like a clown.

7) You should try to make up to your boss.

8) I am not made that way.

9) Sixty seconds make one minute.

Words-tips
lawyer : 변호사
station : 역
just in time : 때맞춰
clown : 광대
make up : 화해하다

2. make가 3형식, 4형식으로 쓰일 때

3형식과 4형식은 모두 동사 다음에 반드시 목적어가 와야 말하고자 하는 내용을 더 정확히 전달할 수 있는 문장들이랍니다. 목적어가 우리말로 해석했을 때 주로 어떻게 되는지 잘 살펴 보세요.

Cows   make   milk. − 3형식
주어   동사   목적어

암소들이   만든다   우유를

Oxen   didn't make   milk. − 3형식
주어   동사구   목적어

수소들은   만들지 않았다   우유를

My dad   makes   me   a slingshot. − 4형식
주어   동사   간접목적어   직접목적어

내 아빠는   만들어 주신다   나에게   새총을

Did your teacher   make   you   pan cakes? − 4형식
주어   동사   간.목   직.목

너의 선생님이   만들어 주셨니 너희에게   팬 케이크를?

🐾 위 문장의 'did' 는 의문문을 만들기 위해 온 조동사이므로 동사의 범위에 포함된답니다.

🐾 우리말로 해석했을 때 '~에게'로 해석되는 목적어를 '간접목적어'라고 하고, '~을, ~를'로 해석되는 것을 '직접목적어'라고 부른답니다. 위의 예문에서 보듯이 간접목적어가 오고 그 다음에 직접 목적어가 오면 '4형식'이 되고 둘 중 어떤 목적어든 한 개만 오면 '3형식'이 된답니다.

문 제

※다음 문장의 성분을 보기와 같이
구분하고 해석하세요.

보기 : <u>Oxen</u> <u>didn't make</u> <u>milk</u>. – 수소들은 우유를 만들지 않았다.
　　　　S　　　　V　　　　O

1) We gathered some brushwood to make a fire.

2) Don't make a noise in the classroom.

3) The road makes a curve to the right.

4) He made a speech.

5) You can always make more money.

6) Susan didn't make her daughter a paper plane.

7) The river makes a bend.

8) The gentleman made me a seat.

Words-tips

gather : 수집하다
brushwood : 숲
make a noise : 소란을 피우다
make a speech : 연설하다

9) We must make a decision by tomorrow.

틀린 문장을 찾아 고친 후에 아래 빈칸에 다시 써보세요.

Today was a parents' day. I gave thank to my parents. Because they made me into nice boy. But I didn't save a money. I felt sorry for that. I couldn't make a small presents. I made a fool of yourself so far. I didn't save money. I regret that I didn't made money. "Mom and dad I am sorry!". When I grow up, I will make a lot of moneys. I will buy them nice boat. And I will make them a beautiful house. I will grow into a nice man.

나만의 일기를 써보세요.

Date :

Weather :

Title :

Chapter 12

Make 동사를 이용하여 영작하기 Ⅱ

이 챕터에서는 'make'가 5형식 동사로 사용될 때의 활용에 대해서 공부하고, 4형식과 5형식 동사로 사용될 때의 차이점에 관해 알아보겠어요.

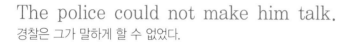

Key Sentences

The police could not make him talk.
경찰은 그가 말하게 할 수 없었다.

Make a person a man.
남을 훌륭한 사나이로 만들어라.

She wanted to make her daughter a diplomat.
그녀는 그녀의 딸을 외교관으로 만들기를 원했다.

Jason's parents had to make their son clean his room.
제이슨의 부모님은 아들이 방을 청소하도록 시켜야만 했었다

He makes a person's flesh creep.
그는 남을 오싹하게 한다.

I make to keep early hours a rule
= I make it a rule to keep early hours.
　　　　　가목적어　　　　　　진목적어

🐾 여기에서는 make동사가 '~을 시키다'로 사용되는 경우를 배울텐데요. 바로 위의 문장은 목적어가 너무 길어서 진짜 목적어(진목적어)를 문장의 맨 뒤로 보낸 것이랍니다. 영어의 특징 중의 하나로서 긴 주어나 긴 목적어 등은 문장 중간이나 앞에 두지 않고 무조건 뒤로 보내는 경향이 있어요. 그런데 이때 뒤로 보낸 목적어 자리가 비게 되므로 가짜목적어 'it'을 그 자리에 대신 두게 되지요. 이것을 '가목적어'라고 부른답니다.

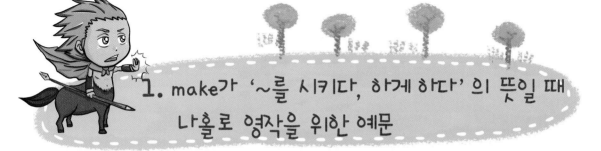
She makes me feel inferior. – 5형식
그녀는 만든다(시킨다) 나를(내가) 느끼도록 열등감을

She made the children clean their room.
그녀는 아이들이 그들의 방을 청소하도록 시켰다.

I can't make myself understood.
나는 내 자신을 이해되도록 할 수가 없었다(의사소통을 할 수가 없었다).

I make light of my problems, and that makes me feel better.
나는 내 문제를 가볍게 생각한다. 그러면 기분이 편해진다.

I make it a rule to keep early hours.
나는 매일 일찍 자고 일찍 일어나는 것을 규칙으로 하고 있다.

We made our position clear.
우리는 우리의 입장(위치)을 분명하게 했다.

여기에 쓰인 'make' 동사는 공통적으로 make 다음에 오는 목적어들이 무엇인가를 '~하도록, 혹은 ~되도록 시킨다, 만든다'는 로 해석이 됩니다. 누군가가 무엇을 하도록 시키게 되는 경우 이런 동사를 '사역동사'라고 한답니다. 이런 예로는 'have, let, help' 등이 더 있답니다.

Words-tips

keep early hours : 일찍 자고 일찍 일어나는 것
position : 위치, 입장, 지위
clear : 분명한, 맑은, 뚜렷한
understood : understand(이해하다)의 과거
light : 가벼운, 옅은, 밝은, 빛, 불을 켜다

보기 : She makes me feel inferior. – 그녀는 내가 부족한 사람이라고 느끼게 한다.
     S   V   O   O.C

1) We made them wait.

2) The news made us happy.

3) The rough sea made them seasick.

4) Your problems make mine seem unimportant.

5) She could not make herself understood.

6) We made them wait.

7) He couldn't make it a rule to go to bed early.

8) Tony made his position clear.

9) She can't make herself understood.

Words-tips

rough: 거친, (섬유의 올이)성긴
seasick: 배멀미
problem: 문제
seem: ～처럼 보인다, ～인 듯하다

다음 짝으로 된 두 문장들의 해석과 분석을 보면서 4형식과 5형식을 어떻게 구분해야 하는지 알아 보기로 해요.

Min-hyung's mother made him a doctor. – 5형식
　　　주어구　　　　　　동사　목적어　목적보어

위의 문장에서 목적어와 목적보어 사이에는 의미적으로 '주어+동사'의 관계가 만들어집니다. 즉 'him=doctor, 그가 곧 의사'라는 해석이 가능하게 된답니다. 물론 모양은 아니구요, 의미가 그렇다는 것입니다. 이것은 5형식과 4형식을 구분하는 아주 중요한 기준이랍니다.

Min-hyung's mother made him a doctor's gown. – 4형식
　　　주어구　　　　　　동사　간.목(~에게)　직.목(~를)

그에게(간접목적어), 의사가운을(직접목적어) 만들어 주었다이므로 목적어와 목적보어 사이에 him=a doctor's gown의 공식이 성립되지 않지요. 4형식 문장의 순서는 반드시 간접목적어(~에게)가 먼저 오고 그 다음에 직접목적어(~을, 를)가 온답니다. 이 순서가 바뀌게 되면 문장의 구조가 바뀌어 형식도 바뀐답니다.

4형식과 5형식은 언뜻 보기에 문장구조가 비슷해서 구분하기 어려우나 이렇듯 해석을 해보면 구별할 수 있답니다.

보기 : <u>He</u> <u>made</u> <u>his son</u> <u>a toy</u>. – 4형식. 그는 그의 아들에게 장난감을 만들어 주었다.
　　　 S　　 V　　 I.O　　 D.O

1) David's family makes him a fireengine.

2) David's family doesn't make him a firefighter.

3) His father wanted to make him a pilot.

4) His father didn't make him a model airplane.

5) His mother would like to make him Buchimgae.

6) His mother wouldn't like to make him a cook.

7) Is his brother able to make him angry?

8) His brother can't make him a paper flower.

Words-tips

fireengine : 소방차
firefighter : 소방관
pilot : 파일럿
cook : 요리사

9) David's brother will make him a puzzle.

문 제

※다음 문장을 해석하고 주어, 동사, 목적어, 보어를 구분하여 밑줄을 그으세요.

1) He made up his mind to go to sea.

2) Oxygen and hydrogen make water.

3) One hundred cents make one dollar.

4) Make yourself at home, please.

5) She wants to make friends with Sarah.

6) He is trying to make a note of the class.

7) What do you make of their offer?

8) He made me his deputy.

9) We have to make the most of opportunities.

10) They made a fool of her.

Words-tips

make up one's mind : 결심하다
oxygen : 산소
hydrogen : 수소
make friends with : ~와 친구하다
deputy : 의원
opportunity : 기회
make a fool of : ~를 놀리다

나도 영어로 일기 쏠래~
make 동사로 쓰기 -2

 초등이는 우유를 싫어한대요. 무슨일인지 초등이의 일기를 살짝 훔쳐 볼까요?

2009년 6월 7일 수요일 날씨 : 더움

제목 : 우유

가끔 진수는 날 화나게 한다. 난 우유를 무지 싫어하는데 그녀석은 집에만 가면 나에게 우유를 준다. 그리고 막 마시라고 한다. 정말 싫다. 그리고 나에게 우유로 밀크세이크도 만들어 주고.. 난 우유 알레르기가 있는데.. 그것도 모르고.. 아마 진수는 어른이 되면 멋진 남편이 될 것이다. 아내에게 몸에 좋은 우유로 건강음식을 만들어 줄테니까 말이다.

진수가 나에게도 우유말고 건강음식을 만들어 줬음 좋겠다.

Date : Wednesday. June Seventh. Weather: Hot

Title : Milk

Sometimes Jinsu makes me angry. I don't like milk very much. When I go Jinsu's home, he gives me milk. I was made to drink. I really don't like. And he makes me milkshake. I am allergic to milk. But he doesn't know that.

When he grows up, he will be a good husband. He will make his wife very healthy food. I hope that Jinsu will make me healthy food. Not milk.

🍭 make를 이용한 문장을 만들어 보세요.

1) 나는 그에게 새로운 양복을 만들어 주었다.

2) 그녀는 날 행복하게 만든다.

3) 그는 그들에게 좋은 친구가 될 것이다.

4) 너 나에게 피자를 만들어 줄 수 있니?

틀린 문장을 찾아 고친 후에 아래 빈칸에 다시 써보세요.

Sometime Jinsu makes me angry. I don't like milk a very much. When I go Jinsu's home, he gives me a milk. I was made to drinking. I really don't like. And he makes me milkshake. I am allergic to milks. But he doesn't know that.

When he growing up, he will make her a good a husband.

He will make his wife very a healthy food. I hope that Jinsu will make me healthy food. Not milk.

나만의 일기를 써보세요.

Date :

Weather :

Title :

Chapter 13

이 챕터에서는 많은 의미로 다양하게
사용되는 'take' 동사의 형식에 따른
특징에 관해 공부하겠어요.

Take 동사를 이용하여 영작하기

Key Sentences

1. She takes a cup of tea to him.

= She takes him a cup of tea.
   그녀는 그에게 차 한 잔을 가져다주었다.

2. We took her gesture as a sign of friendship.
   우리는 그녀의 몸짓을 우정의 표시로 여겼다(생각했다).

3. She took her daughter for a walk.
   그녀는 딸을 산책하는 데 데려갔다.

4. Do you take me for a fool?
   나를 바보라고 생각하는 거야?

5. He took the book from her.
   그는 그녀에게서 책을 빼앗았다.

6. The job took us two hours.
   그 일을 하는 데 2시간이 걸렸다.

   It took (us) two hours to do the job.
   (우리가) 그 일을 하는 데 2시간이 걸렸다.

7. Judy took sick then.
   주디는 그때 아팠다.

took: take 동사의 과거형

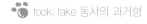

1. take가 1형식, 3형식으로 쓰일 때

매우 변화무쌍한 take 동사에 지금부터 모험을 시작하기로 해요.

Her sister takes to her bed.
그녀의 언니는 앓아누웠다.

They took off for downtown. – 1형식
주어   동사구

그들은 시내를 향해 출발했다.

Take five from ten. – 3형식
동사   목적어

10에서 5를 빼다.

명령문에서는 주어 'you'를 생략하는 거 아시죠. 그리고 from ten은 전치사구이므로 문장의 형식과는 상관없이 그냥 수식어(꾸미는 말)구요.

I will take a train to Paris. – 3형식
주어   동사   목적어

나는 파리행 기차를 탈 것이다.   🐾 will: ~할 것이다(미래)

take 동사도 make처럼 매우 다양하게 사용되며 우리말로 해석했을 때 수십 가지가 됩니다. 따라서 앞뒤의 단어나 문장을 보고 알맞게 해석하는 융통성을 필요로 한답니다.

> **Tips-tips**
>
> **take의 여러 가지 의미**
>
> ① 손에 잡다   ⑥ 받다, 받아들이다
> ② 가지고 가다   ⑦ 흡수하다
> ③ 붙잡다, 체포하다   ⑧ (탈 것을) 타다
> ④ 빼앗다   ⑨ (시간이) 걸리다
> ⑤ 얻다, 이기다   ⑩ 데리고 가다

기본기 다지기

보기 : <u>They</u> <u>took off</u> for downtown. − 그들은 시내로 출발했다.
       S   V

1) She took a deep breath.

2) He took a nap after lunch.

3) She took her daughter for a walk.

4) She took the money to the bank.

5) People take to the streets.

6) All right. Please take a seat everyone.

7) Seong-min took medicine for a cold.

8) I took the books off the shelf.

9) They took the chairs back up to the attic.

Words-tips

nap : 낮잠
take medicine : 약을 먹다
shelf : 책장
attic : 다락방

2. take가 5형식+기타 등으로 쓰일 때

The job took us two hours. - 5형식
주어　　　　동사　목적어　　목적보어

그 일을 하는 데 2시간이 걸렸다. = 그 일이 우리가 2시간이 걸리도록 했다.

Take matters easy.
동사　　　목적어　　　목적보어

사태를 쉽게 여겨라.

Her work often takes her abroad. - 3형식
주어　　　　　　　　　동사　　목적어

그녀는 일 때문에 자주 해외로 나간다. = 그녀의 일이 그녀를 해외로 가게 만든다.

He took me up on my offer.
그는 나의 제안을 채택했다.

Above all, take care of yourself.
무엇보다도 몸조심 하거라.

항상 명심할 것을 다시 한 번 얘기하지만 영어와 우리 말을 100% 맞추려고 하지 마세요. take 나 make와 같은 동사들은 문장 내에서 수십 가지로 변신한답니다.

Words-tips

matter : 다루다
abroad : 해외
offer : 제안
above all : 무엇보다도
take care of : 조심하다

보기 : I   took   his remark   as a compliment. – 나는 그의 발언을 칭찬으로 받아들였다.
     S   V   O

1) She takes a brief this time.

2) I take a car.

3) They took a subway to go to London.

4) Min–hyung took all the facts into account.

5) Malena will take Jay's love.

6) My aunt takes me as her daughter.

7) Take a drug by injection.

8) Let's take a rest on that hillside.

9) Be sure to take hold of it as tight as you can.

Words-tips

take a brief : (소송) 사건을 맡다
compliment : 칭찬
remark : 말
take into account : ~을 고려하다
injection : 주사
hillside : 언덕
take hold of : ~을 꽉 쥐다

1) Take off your old shoes.

2) My group members took to the lifeboats.

3) I took out ten dollars from my purse.

4) Do you take me for a fool?

5) He took to his bed.

6) They took up the chairs from the basement.

7) They took the prisoner into custody.

8) Can't you take out this blot?

9) He takes after his father.

10) He took it into account.

Words-tips

take off : 벗다
lifeboat : 구명보트/구조선
take out : 꺼내다
purse : 지갑
basement : 지하실
prisoner : 죄수
custody : 유치, 유치장
take after : 닮다, 창작하다

나도 영어로 일기 쓸래~
take 동사로 쓰기

 초등이가 프랑스로 여행을 갔대요. 초등이의 일기를 살짝 훔쳐 볼까요?

2009년 5월 5일 수요일 날씨 : 맑음

제목 : 파리의 에펠탑

드디어 난 파리에 왔다. 내가 어렸을 때부터 난 에펠탑을 보고 싶었다. 그러나 프랑스 공항에 도착했을 때 파리로 어떻게 가는지 몰랐다. 게다가 난 불어를 잘 못했다. 어쨌든 난 지하철을 탔다. 프랑스 공항에서 파리까지 얼마나 걸리는지 물었다. 한 친절한 프랑스 사람이 전철로 3시간이 걸린다고 했다. 무척 멀었다. 그러나 운좋게 편하게 앉아서 파리까지 왔다. 내 눈앞에 에펠탑이 있었다... 환상적이었다.

Date : Wednesday. May Fifth. Weather: Sunny

Title : Eiffel tower in Paris

At last I came to Paris. Since when I was young, I wanted to see the Eiffel tower. But when I arrived at the airport I didn't know that how to go to Paris. In addition, I couldn't speak French well. Anyway I took the subway. I asked "How long does it take from here to get there?" One of kind French said "It takes about 3 hours by subway" It was too far. Fortunately I got to Paris peacefully. There was a beautiful Eiffel tower in front of me. It was fantastic.

---

take를 이용한 문장을 만들어 보세요.

1) 그녀는 택시를 탄다.

2) 여기서 저기까지 얼마나 걸리지?

3) 그는 시험을 봤다.

4) 그들은 대중목욕탕에서 목욕을 했다.

틀린 문장을 찾아 고친 후에 아래 빈칸에 다시 써보세요.

At lest I came to Paris. since when I was a young, I wanted to see the Eiffel tower. But when I arrived on the airport I didn't know that how to go to Paris. In a addition, I could't speak French good. Anyway I took the subway. I asked "How long does it takes from here to get there?" One of kind French said "It takes about 3 hours by a subway" It was too far. Fortunately I got to Paris peacefully. There was a beautiful Eiffel tower in front of me. It was fantastic.

나만의 일기를 써보세요.

Date :   Weather :

Title :

Get 동사를 이용하여 영작하기 Ⅰ

이 챕터에서는 1, 2, 3 형식일 때의 'get' 동사의
특징과 쓰임에 관해 각각 알아보겠어요.

Key Sentences

1. Jane is getting on a train.
   제인은 열차에 타는 중이다.

2. She got a newspaper for me.
= She got me a newspaper.
   그녀가 내게 신문을 가져다 주었다.

3. My friend gets out of a car.
   내 친구가 차에서 나온다.

4. They get across a bridge.
   그들은 다리를 건넌다.

5. Take this medicine, and you will get well soon.
   이 약 먹으면 곧 괜찮아질 거예요.

6. The spot on my face is getting larger and larger.
   내 얼굴에 난 점이 점점 더 커지고 있다.

7. She got the truth out of him.
   그녀는 그에게서 진실을 알아냈다.

1. get이 1형식, 2형식으로 쓰일 때

01 He finally got home. — 1형식

주어   부사   동사   부사

그는   마침내   도착했다   집에

부사는 수식어(꾸미는 말)인 것 이제는 아시죠. 수식어는 형식을 바꾸는 주인공 요소는 아니지요. 즉 수식어는 문장에서 빠져도 의사를 전달하는 데 문제가 없다는 뜻이지요.

get 동사가가 '~로 가다, ~에 도착하다' 등으로 쓰이면 대체로 1형식으로 사용되지요.

02 He got angry. — 2형식

주어   동사   보어

그는   났다   화가

위의 문장에서 'got'은 '~하게 되다' become 동사와 같은 뜻으로 사용되었습니다. 따라서 '되다'라는 말은 불완전하게 끝났으므로 그 뒤에 보어가 필요하게 되지요. angry는 보어로 사용되었고 위의 문장은 주어, 동사, 보어로 이루어진 2형식 문장이 되는 것이랍니다.

03 How can I get to the subway station?

의문부사   조동사   주어   동사   부사구

어떻게   내가 갈 수 있습니까   지하철역에

바로 위의 문장에서 get은 '~로 가다'로 해석되지요. can은 조동사이므로 동사부분에 포함이 되어서 can과 get이 합쳐져서 동사구를 이루게 된답니다.

여러분은 위의 예문에서 '부사구'라는 것을 보았지요. '부사'는 문장에서 '동사, 형용사, 부사'를 꾸며주는 역할을 하는 품사인데요, 단어가 한 개가 아니므로 부사구라고 했지요. 'to the subway station(지하철역에)' 라는 말이 어떤말로 연결이 되지요? 네, 맞습니다. 'get(간다)'과 어울리지요. 그러므로 get을 꾸민다고 하는 것이랍니다.

보기 : <u>I</u>　<u>get dressed</u>　<u>for dinner</u>. – 나는 저녁을 먹기 위해 옷을 입었다.
　　　 S　　　V　　　　　C

1) Call me when you get home.

2) Don't get drunk.

3) I'll get back to you.

4) I got anxious about your behaviors.

5) They got loose.

6) You can get over your hardships.

7) We got married over thirty years ago.

8) They got hurt.

Words-tips

get dressed : 옷을 입다

behavior : 행동

get over : 극복하다

hardship : 고난

hurt : 다친

9) My dad will get angry.

2. get이 3형식으로 쓰일 때

I   have to get   a message   to her. – 3형식
주어   동사구   목적어   부사구

나는 그녀에게 소식을 전해야만 한다.

We   could not get   the piano   through the window.
주어   동사구   목적어   부사구

우리는 창문으로 피아노를 옮길 수가 없었다.

What did you get for your birthday?
목적어   조동사   주어   동사   부사구

생일 선물로 무엇을 받았니?

We finally got onto her schemes.
주어   부사   타동사구   목적어

우리는 결국 그녀의 계획을 알아냈다.

위의 문장에 쓰인 'have to get, could not get, did ~ get'은 합쳐서 하나의 동사구로 봅니다. 왜 그런지는 여러분이 앞에서 공부하면서 계속 익혔지만 다시 한 번 설명하자면 조동사들(여기에서는 have to, could, did)은 본래 뜻이 없이 일반 동사들을 도와주는 역할을 하므로 조동사와 일반 동사를 하나의 동사 덩어리로 보는 것이랍니다.

또한 여기에서 중요한 점을 하나 짚고 넘어갈 텐데요, 그것은 네 번째 문장에 쓰인 타동사구입니다. 원래 동사 다음에 목적어(~을, ~를, ~에게)가 오는 동사를 타동사라 하구요, 목적어가 없어도 의미를 정확히 전달 할 수 있어서 목적어가 필요 없는 동사는 자동사라고 한다고 맨 처음에 배운 것 기억하나요? 그런데 자동사로 쓰이면서도 목적어를 데려오고 싶을 때는 전치사를 빌려온답니다. 왜냐구요, 전치사(to, for, in, off, at 기타 등등)는 그 성격이 원래 모든 전치사 다음에는 반드시 목적격만 와야 하거든요. 그래서 got 다음에 onto라는 전치사가 와서 her schemes라는 목적어를 데려와서 사용할 수 있게 된 것이지요. 잘 생각이 안 나시는 분은 다시 앞으로 가서 복습하고 시작하기로 해요.

기본기 다지기

보기: <u>We</u> finally <u>got onto</u> <u>her schemes</u>. – 우리는 드디어 그녀의 계획에 참여했다.
    S   V   O

1) He got it.

Words-tips

get rid of : 제거하다
stain : 얼룩
get off : 내리다
get on : 타다
bridge : 다리
get on my nerve : 신경을 건드리다
get over : 극복하다

2) Sylvia is getting rid of stain from her shirt.

3) We can get off a train next station.

4) She would get on the bus then.

5) Our team could get across a bridge together.

6) You didn't get his word.

7) Has she got[gotten] over the shock?

8) They should get some green tea from the cella.

9) My neighbor sometimes gets on my nerves.

1) I have to get my desk through the window.

2) Are you getting rid of the spots from the blanket now?

3) The biography of Helen Keller got on my whole life.

4) His word will get into trouble.

5) We may not get even a single piece of bread here.

6) Can I get home now?

7) We could get into a new job.

8) They have to get into a plane last Saturday.

9) My family is getting ready for the start.

10) We get along just fine.

Words-tips

biography : 자서전
get on : 정복하다
get ready for : ~를 준비하다
get along : 잘 지내다

나도 영어로 일기 쏠래~ get 동사로 쓰기 -1

🦋 초등이가 운동을 시작했대요~ 튼튼하고 멋진 초등이의 모습을 기대해 볼까요?

2009년 12월 5일 수요일 날씨 : 추움

제목 : 운동

이제부터 난 운동을 해야한다. 살도 빼야하고, 건강도 유지해야 하고..

근데..겨울이라 낮이 점점 짧아져서 새벽에 조깅을 하기는 힘이들 것 같다.

기분도 좋아질 거구.. 감기에 걸리지도 않을 것이다.

점점 날씬해 지는 내모습을 상상해봤다.

내년 여름엔.. 날씬한 몸으로 기차를 타고, 다리를 건너.. 시골가야지~~

Date : Wednesday. December fifth. Weather: Cold

Title : exercise

From now on, I have to exercise. I have to lose weight, I have to be healthy.

But, the day is getting shorter so it is very hard to jogging at dawn.

My feeling will get better and I won't get a cold.

I imagined that I am getting thinner...

Next summer, I will get across the bridge by train.

I will get to the county.

🍭 get를 이용한 문장을 만들어 보세요.

1) 아홉시에 기차를 타라.

2) 난 식당에 도착했다.

3) 그녀는 크리스마스 선물로 인형을 받았다.

4) 넌 좋은 직업을 얻었니?

틀린 문장을 찾아 고친 후에 아래 빈칸에 다시 써보세요.

From now on, I has to exercise. I have to lost weight, I have to be health.

But, the day is geting shorter so it is very hard to jogging in dawn.

My feeling will gets better and I won't get a colds.

I imagined that I getting thinner...

Next summer, I will get across the bridge take a train.

I will getting to the county.

나만의 일기를 써보세요.

Date :

Weather :

Title :

이 챕터에서는 14챕터에 이어서 4, 5형식 문장에서의 'get' 동사의 특징과 'get' 동사를 이용한, 유용한 표현들을 공부해 보겠어요.

Get 동사를 이용하여 영작하기 Ⅱ

Key Sentences

Can I get you a drink?
마실 것 갖다 드릴까요?

He got us involved.
그가 우리를 말려들게 했다.

We got our tools ready.
우리는 도구를 준비했다.

I got the bird first shot.
한 방으로 새를 맞혔다.

Get me room 365, please.
365호실로 연결해 주십시오.

Would you get a bottle of beer from a refrigerator for me?
냉장고에서 맥주 한 병 갖다 주시겠어요?

She got me a camera.
= She got a camera for me.
그녀는 내게 카메라를 가져다 주었다.

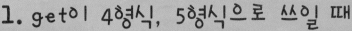
The employer   should get   his employee   a month's notice. – 4형식
　주어　　　　　　동사　　　　　간목　　　　　　직목

　그 사장은　　　　주어야만 한다　　그의 직원에게　　한 달의 해고 예지 기간을

= 사장은 해고하기 한 달 전에 알려야만 한다.

I   got   a gardener   to cut the grass.   – 5형식
주어 동사　　목적어　　　　　목적보어

난　시켰다　　정원사에게　　　잔디를 깎으라고

= 정원사에게 잔디를 깎게 했다.

She   finally   got   the television   working.   – 5 형식
주어　　부사　　동사　　　목적어　　　　목적보어

그녀는 마침내 텔레비전이 나오게 했다.

Try to get   them   interested.   – 5형식
　동사구　　　목적어　　목적보어

　노력해라　　　만들도록　 그들이 흥미를 얻도록

= 그들이 관심을 갖도록 만들어라.

명령문에서는 주어인 'you'가 생략되었으므로 위 문장의 주어는 you랍니다. 또한 목적어가 행동을 하는 것이 아니고 행동을 하도록 시킴을 받는 것, 즉 수동태이어야만 하므로 목적보어가 interested 과거분사가 쓰인 것이지요.

앞에서 만난 make 동사가 ~을 시키다(하게 하다)로 쓰일 때는 목적보어 자리에 동사의 원형이나 과거분사가 오는데요, get 동사는 동사원형 자리에 'to+동사원형'이 왔지요. 즉 동사 앞에 'to'가 꼭 쓰여야 한다는 것을 암기하시면 좋겠네요.

141

기본기 다지기

보기 : <u>Try to get</u>   <u>them</u>   <u>interested</u>. - 그들이 흥미를 가지도록 노력해라.
           V   O   O.C

1) I must get my hair cut.

2) We got the poor children our bread.

3) Don't get me wrong.

4) He'll get you a highball.

5) The chief can't get everything ready.

6) She had to get her hands dirty to pick up trash.

7) I got him to prepare for our journey.

8) I'll get the work finished by noon.

Words-tips

chief : 사장
pick up : 들다
trash : 쓰레기
prepare : 준비하다

9) Get me that book.

10) My sister got me some money.

2. get을 이용한 유용한 표현들

정해진 약속처럼 사용되는 숙어들 중 일부를 소개합니다. 일상생활에서 활용되는 것들이니 참고해서 활용하시길 바랍니다.

1	get cutting	시작하다, 착수하다
2	get on for	(시간~나이가) ~에 가까워지다
3	get[or have (got)] the message	취지[속셈]를 파악하다
4	get in on	~에 참가하다, 관계하다; [비밀~내막 따위]를 알고 있다
5	get entangled with[or in]	~에 걸려들다, 말려들다; ~에 관련되다
6	get nicely left	감쪽같이 속아 넘어가다
7	get into the hang of	~의 요령을 터득하다, ~을 이해하다
8	be[or get] bogged down with[in]	~으로[에 빠져] 꼼짝 못하게 되다
9	get accustomed to doing	~하는 데 익숙해져 있다
10	get oneself into debt	빚을 지다
11	get converted	회개[개심]하다, 개종하다
12	be[or get] mashed on	~에 반하다

기본기 다지기

※다음 우리말에 맞는 영어문장을 완성하세요.

1)	get cutting	우리 팀은 일을 시작해야 한다. ( )
2)	get on for	Brown씨 부부 나이는 60에 가까워진다. ( )
3)	get the message	나는 그의 속셈을 모르겠다. ( )
4)	get in on	내 친구는 나의 비밀을 알고 있다. ( )
5)	get entangled with[or in]	그 범죄자는 그 탐정의 함정에 걸렸다. ( )
6)	get nicely left	Steffany의 아버지는 그녀에게 감쪽같이 속아 넘어 갔다. ( )
7)	get into the hang of	그는 그 기계를 작동하는 법을 잘 터득할 수 있었다. ( )
8)	get bogged down with[in]	그들은 늪에 빠졌다. ( )
9)	get accustomed to doing	나는 아침에 일찍 일어나는 데 익숙하다. ( )
10)	get oneself into debt	그 남자는 빚을 졌다. ( )
11)	get converted	그녀는 기독교로 개종했다. ( )
12)	get mashed on	내 형은 그 가수에게 반했다. ( )

문 제

※ 다음 문장에 쓰인 동사 "get" 이
몇 형식으로 쓰였는지 쓰고 해석하세요.

1) Now, Tom. Don't get angry. Easy does it.

2) The climate of this country is getting hotter and hotter.

3) You weren't getting into a car last night.

4) When did he get out of prison?

5) He made a resolution to get up early.

6) Okay, get in. I'm going that way.

7) They got bogged down in the swamp.

8) She should get down to work.

9) My uncle's family is getting by on very little.

10) Can you get away from one's pursuers?

Words-tips

climate : 기후
get out of : ~에서 나오다
make a resolution : 결심하다
swamp : 늪
pursuer : 추적자

145

나도 영어로 일기 쑬라~
get 동사로
쓰기-2

 꿈속에서 초등이가 왕자가 되었대요. 멋진왕인지 나쁜왕인지 한번 볼까요?

2009년 4월 10일 수요일 날씨 : 맑음

제목 : 왕자

어젯밤에 꿈을 꾸었다. 나는 왕자였다.

난 예쁜 공주와 결혼을 하고 싶었다.

많은 공주들이 나와 결혼을 하기 위해 우리의 성으로 왔다. 무지 기뻤다.

모두들 너무나 이쁘고, 귀여웠다. 난 그들에게 노래와 춤을 하게 했다.

모두들 잘했다. 내 신부감으로 모두들 합격이었다.

난 모두와 같이 살고 싶었다. 그러나..

그들은 내 얼굴을 보자 도망을 갔다. 오마이갓!!

Date : Wednesday. April tenth. Weather: Sunny

Title : prince

Last night I had a dream. I was a prince.

I wanted to get married. They got to my castle to marry me. I was very glad.

They were cute and beautiful. I got them started on dancing and singing.

They did very well. They got through as my bride.

I wanted to get along with them. But....

As soon as they saw my face, they got away. Oh! My god!!

---

get를 이용한 문장을 만들어 보세요.

1) 나는 팔이 부러졌다.

2) 존에게 마실 것 좀 갖다 줘.

3) 너의 머리를 잘라라.

146

틀린 문장을 찾아 고친 후에 아래 빈칸에 다시 써보세요.

Yesterday night I had a dream. I was a princess.

I wanted to get marry. They got to my castle to marrying me. I was a very glad.

They were cutes and beautiful. I got them started on dancing and singing.

They did very well. They got through as my bride.

I wanted to get along with they. But....

As soon as they saw my face, they got awaying. Oh! My god!!

나만의 일기를 써보세요.

Date :   Weather :

Title :

이 챕터에서는 각 문장의 형식에 따른
'give' 동사의 특징에 관해 공부하겠어요.

Give 동사를 이용하여 영작하기

Key Sentences

1. She gave the book to me. = She gave me the book.
   그녀가 내게 그 책을 주었다.

2. She gave money for a new health center.
   그녀는 새로운 건강 센터 건립을 위해 돈을 기부했다.

3. She gave us to understand that she would attend.
   그녀는 우리에게 그녀가 참석할 거라고 이해하게 했다.

4. Proverbs give us a lesson.
   속담은 우리에게 교훈을 준다.

5. Please give me a coke.
   콜라 한 잔 주세요.

6. I'll give you that point.
   그 점에서는 네게 양보하겠다.

7. I will give him another chance.
   나는 그에게 다시 한 번 기회를 주겠다.

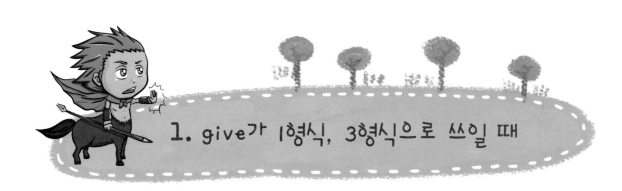

She gave the money back to us. — 3형식
주어　동사　목적어　　　부사구

그녀는 우리에게 돈을 돌려주었다.

Never give up until you succeed. — 1형식
부사　동사구　　부사절

성공할 때까지 절대 포기하지 말아라.

He gives himself over to grief. — 3형식
주어　동사　목적어　　부사구

그는　준다　그 자신을　슬픔에게 = 슬픔에 빠지다.

They gave generously of their time. — 1형식
주어　동사　부사　　부사구

그들은　내 주었다　후하게　　　시간을

여러분이 이 책의 앞부분에서 문장의 형식을 구분하는 주요 4가지 주인공에 대해 배웠던 것 기억나지요? 부사구나 부사절 등은 문장을 화려하고 멋지게 꾸며주기 위해 쓰이지만 문장의 형식에는 아무런 영향을 미치지 못하지요. 그러므로 위의 문장에서 주요 요소들만 가지고 문장을 구분하면 각각 1형식과 3형식만 존재하네요.

부사라는 품사가 무엇을 꾸미는 거지요? 네 맞습니다. 동사. 형용사. 부사를 꾸며주지요. 꾸민다는 말의 의미는 서로 말이 조화롭게 즉 어색하지 않게 연결되는 것을 말한답니다. 즉 위의 예문 중 'until you succeed(네가 성공할 때까지)'라는 말은 'give up(포기하다)'와 말이 연결되지요. 그러므로 give up을 꾸민다고 하는 것이고 give up은 동사구이므로 'until you succeed'는 부사가 되는 것이지요.

문 제

※다음 문장의 성분을 보기와 같이
구분하고 해석하세요.

보기 : <u>She</u> <u>gave</u> <u>the money</u> back to us. - 그녀는 그 돈을 우리에게 돌려주었다.
　　　 S　　 V　　　 O

1) Cows give milk.

Words-tips

cow : 소　　　　　 compulsion : 강제
quotation : 인용　　 give in : 항복하다
discount : 할인　　 give off : 방출하다
purchase : 구매

2) They gave him away to the police.

3) My teacher used to give a quotation from the Bible.

4) She didn't give a discount on all purchases.

5) The king gave in under compulsion.

6) When it is hot, the brain tells the body to give off heat.

7) The rain will soon give over.

8) These days beautiful women give the weather forecast.

9) Give me the answer.

4형식하면 목적어가 2개인 문장이라고 떠오르나요?

아니면 아직도 헷갈리나요?

아래의 문장을 보면서 다시 한 번 여러분이 알고 있는 것이 맞는지 볼까요?

Give me a hand with the dishes.

동사 간.목 직.목 부사구

주세요 내게 손을(도움을) 접시 닦는 데 = 접시 닦는 것을 도와 주세요.

"Give me a buzz, will you?"

동사 간.목 직.목 동사 주어

전화 주시겠습니까?

I gave him a sweet one on his left ear.

주어 동사 간.목 직.목 부사구

그놈의 왼편 따귀를 멋지게 갈겨주었다.

위의 예문들의 'with the dishes'나 'on his left ear'는 모두 동사인 'give'나 'save'와 연결되어 있답니다. 즉 그렇게 연결할 때 해석이 자연스럽지요. 그런 것을 '꾸민다'고 하는 것이랍니다. 구체적이고 자세한 행동을 설명해주고 있지요. 바로 앞에서 공부한 것과 같은 내용이지요. 서로 꾸민다는 것이 무엇인지 이제 확실히 알겠지요?

1) Give me a hand with this table, please.

2) Give me a chance to breathe.

3) She gave her daughter a set of cups.

4) She may even give him less attention.

5) Give them our love.

6) They gave us directions to the palace.

7) They usually give the soup a stir before eating it.

8) She gave the matter her undicided attention.

9) My sister is going to give her boyfriend the ticket quite willingly.

Words-tips

chance : 기회	undicided : 결정되지 않은
direction : 지시	quite 꽤
palace : 궁	willingly : 기꺼이

문 제

※다음 문장을 해석하고 문장의
형식을 구분하세요.

1) Give me a drink of water.

2) Flints give sparks.

3) Please give my respects to father.

4) Will you give me either picture?

5) Give me my change in pennies.

6) Give my love to your brother.

7) I can't give up this project.

8) He had to give away a good chance.

9) She gave an ironic comment on my work.

Words-tips

10) She gave her assent to our plan.

flint : 부싯돌
spark : 불꽃이 일다
respect : 존경
change : 잔돈
give up : 포기하다
ironic : 반어적인
assent : 동의

나도 영어로 일기 쓸래~
give 동사로 쓰기

 초등이가 하나님이 되었대요~ 초등이의 일기를 살짝 훔쳐 볼까요?

2009년 10월 18일 수요일 날씨 : 맑음
제목 : 추수감사절

오늘은 추수감사절이다. 난 비록 교회에 다니진 않지만 하나님에게 감사한다.
일년동안 하나님은 우리에게 과일과 야채들을 주셨다. 그래서 난 오늘 나의 친구들을 위한 작은
추수감사절날을 만들었다. 평소에 내 친구들은 내 물건들을 가지고 싶어했다. 그래서 난 내 물건
들을 나누어 주었다. 칠수에게는 야구공을, 민지에게는 스티커북을, 세라에게는 구슬을 그리고
성진이에게는 연필깎이를 주었다. 그들은 모두 나에게 감사했다. 친구들도 기뻐하니 나도 덩달
아 기분이 좋았다.

Date : Wednesday. October eighteenth. Weather: Sunny
Title : Thanksgiving day

Today is a thanksgiving day. Even I am not a christian, I thank to the God.
For 1 year the god gave fruits and vegetables to us. So today I made a small
thanksgiving day for my friends. Usually my friends wanted to have my belongings.
So I gave mine.
I gave 칠수 a baseball, I gave 민지 a sticker book, I gave 세라 marbles and I gave 성진
a pencil sharper. They all thanked to me. They were happy and I was happy.

---

give를 이용한 문장을 만들어 보세요.

1) 엄마는 나에게 밥을 주신다.

2) 그녀는 그에게 반지를 주었다.

3) 넌 아기에게 무엇을 줄 거니?

🌸 틀린 문장을 찾아 고친 후에 아래 빈칸에 다시 써보세요.

Today is thanksgiving day. Even I am a christine, I thank to the God.
For 1 years the God gave fruits and vegetables to us. So today I made a small thanksgiving day for my friends. Usual my friend want to has my belongings. So I gave mine.
I gave 칠수 baseball, I gave 민지 a sticker books, I gave 세라 marbles and I gave 성진 a pencil sharper. They all thanked to me. They were happy and I am happy.

🌸 나만의 일기를 써보세요.

Date : _____   Weather : _____

Title : _____

_____

_____

_____

이 챕터에서는 각 문장의 형식에 따른 'set' 동사의
특징과 의미변화에 대해 공부해보겠어요.

Set 동사를
이용하여 영작하기

Key Sentences

His sun is set.
그의 전성기는 지났다.

She set the lamp on the table.
그녀는 램프를 테이블 위에 놓았다.

We can set out on a new career.
우리는 새로운 일에 착수할 수 있다.

Hoa set his glass on the table.
호아는 테이블 위에 잔을 놓았어요.

She set the lamp on the table.
그녀는 램프를 테이블 위에 놓았다.

The table has been set.
테이블이 세팅 되어 있다.

I set him to paint the door.
나는 그에게 문의 페인트칠을 시켰다.

1. set이 1형식, 2형식으로 쓰일 때

동사 set이 1형식으로 쓰이면 '~로 향하다, 시작하다' 등의 의미가 되구요, 2형식으로 쓰이면 보통의 경우 '~이 되다, ~으로 변하다, ~지다' 등으로 쓰이게 된답니다. 아래의 예문에서 확인해 보기로 해요.

They   set off   on foot.   − 1형식
주어   동사   부사구

그들은   출발했다   걸어서

They   set forth   at dawn.   − 1형식
주어   동사   부사구

그들은   길을 나섰다   동틀 무렵에

A camp   was set up   at the north pole.   − 1형식
주어   동사구   부사구

캠프가   세워졌다.   북극에

🐾 위의 3문장에 있는 부사구들은 장소나 시간(때)을 나타내는 것으로서 수식 즉 꾸며주는 역할을 하고 있답니다.

He   will be set   free.   − 2형식
주어   동사구   보어

그는   될 것이다   자유롭게

🐾 바로 위의 문장에서 free는 우리말로 해석했을 때는 '~게'로 되지만 형용사이므로 보어로 쓰여서 이 문장의 주인공 요소는 모두 3가지 주어, 동사, 보어가 되어 2형식이 된답니다.

🐾 set 동사의 변신은 무죄이지요. make, take, get, have 등과 함께 다양한 변신을 문장 속에서 한답니다. 반드시 앞뒤 단어들과 맞추어 해석을 해야할 필요가 있답니다.

보기 : <u>His face</u> <u>has set</u>. – 그의 표정이 굳었다.
　　　　　S　　　　　V

1) They once more set off for europe.

2) She set out to break the world land speed record.

3) They set to work with a will.

4) They will set off on a trip.

5) He set out for town.

6) She set the alarm clock to go off at five.

7) Bad weather set in.

8) The rainy season has set in.

Words-tips

set off : 출발하다
set out : 준비하다
set the alarm clock :
알람을 맞추다

9) We're all set to go.

2. set이 3형식, 5형식으로 쓰일 때

동사 set도 다른 동사들 예를, 들면 make, take, give, get 기타 등등처럼 문장에 따라 그 해석이 매우 다양하고 쓰임도 여러 가지이므로 융통성 있게 잘 하기 바랍니다.

He   set   a trap   to catch a mouse.   – 3형식
주어   동사   목적어   부사구

그는   놓았다   덫을   쥐를 잡으려고

She   set   them   to write reports.   – 5형식
주어   동사   목적어   목적보어

그녀는   시켰다   그들이   보고서를 쓰도록

They   set up   flares   along the runway.   – 3형식
주어   동사구   목적어   부사구

그들은   설치했다   섬광 신호를   활주로에

바로 윗 문장에서는 동사부분이 set 단독으로 하나가 아니고 부사과 함께 붙어서 동사구를 이루었지요. 이미 많은 문장들을 통해서 동사가 단독으로 하나만 쓰이는 것이 아니라는 것쯤은 알고 있겠죠?

Tips-tips

set의 여러 가지 의미

① 두다, 놓다   ⑥ ~를 향하다, 돌리다, (마음을) 쏟다
② 앉히다   ⑦ 고정하다
③ 심다, 끼우다   ⑧ 설치하다
④ 준비하다, 차리다   ⑨ 착수하다, 시작하다
⑤ 배치하다, 나란히 세우다   ⑩ (시계를) 맞추다

보기 : He   set   a poem   to music. – 그는 곡에 시로 가사를 붙였다.
　　　 S 　 V 　　 O

1) The sellers set a price on an article.

2) No man has set foot on mars.

3) I set myself to study these problems.

4) Her words set me thinking.

5) She set her goal in the future.

6) We have to set course for the nearest port.

7) The Romans set out to civilize the ancient Britons.

8) The couple will set a date for a wedding.

9) Set a pendulum swinging.

Words-tips

seller : 판매자
set foot : 착륙하다
mars : 화성
goal : 목표
port : 항구
civilize : 문명화하다
ancient : 고대의

문 제

※ 다음 문장을 해석하고 문장의
형식을 쓰세요.

1) We set about undoing the damage.

2) They once more set off for europe.

3) Bad weather set in.

4) Lincoln set the slaves free.

5) The table has been set.

6) He set a trap to catch a mouse.

7) They set fire to the barn.

8) You had better set a ladder against a wall.

9) Hoa set his glass on the table.

10) He opened the cage and set the bird free.

Words-tips

slave : 노예
catch : 잡다
trap : 덫
barn : 헛간
ladder : 사다리

나도 영어로 일기 쓸래~
set 동사로 쓰기

 초등이가 크리스마스 파티를 열었나봐요~ 초등이의 일기를 살짝 훔쳐 볼까요?

2009년 12월 24일 수요일 날씨 : 눈

제목 : 크리스마스 파티

오늘은 크리스마스 이브이다. 내가 가장 좋아하는 날들 중에 하나다.

무엇보다도... 크리스마스하면.. 파티다. 그래서 난 친구들과 파티를 했다.

케익을 만들고, 멋지게 데이블 세팅을 했다. 탁자위에 이쁜 접시들을 놓고, 빨간 양초들도 놓고,

양초에 불을 붙이고...와...

아주 멋진 크리스마스파티였다. 밖에서 교회 종이 울렸다. 파티를 마치고.. 친구들과 난 교회로

갔다. 교회에선 또 멋진 파티가 기다리고 있었다.. 아싸...완전.. 환상적인 날이다.

Date : Wednesday. December. twenty-fifth, Weather: Snow

Title : Christmas party

Today is Christmas eve. It is one of my favorite days. Most of all, on Christmas day
we have to have a party. So we had a party. We made cake and set the table. We
put the beautiful plates and red candles. And then we set fire to the candle.
It was fantastic. That time, the bell rang outside. After the party, we went to the
church. There was a wonderful party in there. Wow! Today was a good day.

---

set를 이용한 문장을 만들어 보세요.

1) 상을 차리자.

2) 그는 탁자위에 지갑을 놓았다.

3) 어젯밤에 알람시계를 맞췄다.

4) 해는 서쪽으로 진다.

162

틀린 문장을 찾아 고친 후에 아래 빈칸에 다시 써보세요.

Today is an Christmas eve. It is one of my favorite days. Most of all, on Christmas day we has to have a party. So we had party. We made cake and set the table. We put the beautiful plates and red candles. And then we set fire to the candle.

It was a fantastic. That time, the bell rangs outside. After the party, we went to a church. There was a wonderful party in there. Wow! Today was a good day.

나만의 일기를 써보세요.

Date :   Weather :

Title :

PART 5
기타 조동사로
영작하기

조동사는 본동사와 연결되어
특수한 의미를 부여하는 동사를 말해요.
이 챕터에서는 조동사 'can'의
활용법에 대해서 공부해보아요.

Can 조동사를
이용하여 영작하기

Key Sentences

I can play the guitar.
나는 기타를 연주할 수 있다.

You can solve this question.
너는 이 문제를 풀 수 있다.

Can you do me a favor?
저 좀 도와줄래요?

He can be a top student in his school.
그는 그의 학교에서 일등을 할 수 있다.

Seong-min can fly an airplane.
성민은 비행기를 조종할 수 있다.

Min-seo could swim when she was an elementary
school student.
민서는 초등학교 때 수영을 잘 할 수 있었다.

I am able to cook curry and rice.
나는 카레라이스를 만들 수 있다.

1. 조동사 can을 이용한 영작 예문

여러분도 알다시피 can은 '~을 할 수 있다'이며 과거형은 'could'로 '~할 수 있었다'라고 해석합니다. 영어에는 조동사라고 하는 친구들이 있는데 can은 그중 하나랍니다. 그러면 조동사는 무엇일까요? 조동사는 '도와주는 동사'로서 특별한 뜻이 있는 것이 아니고 어떠한 동사나 어떠한 문장에도 붙여 쓸 수있는 친구들이죠. 조동사들은 현재형에서 주어가 3인칭 단수여도 그 모양이 바뀌지 않습니다. 그리고 조동사 다음에는 무조건 모든 동사의 원형만이 온답니다.

I can fly. – 1형식
나는 날 수 있다

Kim Yeon Ah can be a queen of Figure Skating. – 2형식
김연아는 피겨스케이트의 여왕이 될 수 있다

He could make a robot. – 3형식
그는 로봇을 만들 수 있었다

She can't give you some information. – 4형식
그녀는 너에게 줄 수 없다

Can your mom make you a surgeon? – 5형식
너의 엄마가 너를 외과의사로 만들 수 있을까?

I can't help laughing at you. = I can't but laugh at you.
나는 너를 보고 웃지 않을 수 없다

위 문장의 'can not help ~ing과 can not but + 동사원형'은 숙어로서 매우 많이 사용되니 반드시 암기하시기 바랍니다.

1) Ophra can talk very humorously.

2) 안젤리나 졸리 can make Kim-chi.

3) Some actress can speak Korean.

4) Can he make his son a paper house?

5) You can be a photographer.

6) The sad story can make him cry.

7) He could buy his son a toy truck.

8) Be careful! A car accident can always happen.

9) She cannot bring you coffee in class.

10) The movie couldn't make me impressed.

Words-tips

humorously : 재미있게
actress : 배우
photographer : 사진사
impress : 감동을 주다

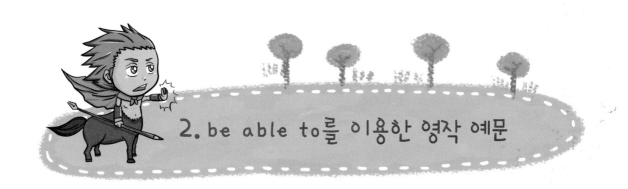

원래 조동사는 아닌데 조동사와 똑같은 뜻으로 사용되는 숙어가 여러 개 있는데요. 그중에 지금 배우는 것은 can과 똑같이 '~할 수 있다'의 뜻으로 사용되는 것으로서 그 다음에는 역시 동사의 원형이 온답니다. 그 형태는 'be able to'이며 이 숙어에서 be동사는 주어와 시제에 따라 알맞게 변화를 주면 된답니다. 또한 문장의 5가지 형식에도 모두 쓸 수 있구요.

He can fly. - 1형식
= He is able to fly.
　그는 날 수 있다.

I couldn't make a model airplane. - 3형식
= I was not able to make a model airplane.
나는 모형 비행기를 만들 수 없었다.

Can you imagine Peter Superman? - 5형식
= Are you able to imagine Peter Superman?
너는 피터가 수퍼맨이라고 상상할 수 있니?

They can't be good pets. - 2형식
　= They aren't able to be good pets.
그것들은 좋은 애완동물이 될 수 없다.

You could give your children your affection at that time.
= You were able to give your children your affection at that time.
당신은 자녀들에게 그 당시에 당신의 애정을 줄 수 있었다.

기본기 다지기

문 제

※다음 문장들을 "be able to" 를
사용하여 다시 쓰시오.

1) Ophra can talk very humorously.

2) 안젤리나 졸리 couldn't make Kim-chi.

3) Some actress can speak Korean.

4) Can he make his son a paper house?

5) You can be a photographer.

6) The sad story can make him cry.

7) He could buy his son a toy truck.

8) Be careful! A car accident can always happen.

9) She cannot bring you coffee in class.

10) The movie couldn't make me impressed.

1) 나는 영어와 중국어 둘 다 말할 수 있다.

2) 그녀는 곧 돌아 올 수 있다.

3) 그 이야기가 사실일 수 있을까?

4) 그 소문은 사실일 리가 없다.

5) 그 기계는 고쳐질 수가 없다.

6) 그는 기타를 연주할 수 있었다.

7) 내가 당신의 휴대폰을 사용해도 되나요?

8) 우리는 그의 얼굴을 보고 웃지 않을 수 없었다.

9) 아이들도 당뇨병에 걸릴 수도 있다. (have diabetes)

10) 제가 방에 들어가도 됩니까?

Words-tips

영어 : English
중국어 : Chinese
사실 : true
소문 : rumor
기계 : machine
고치다 : fix
휴대폰 : cellphone

🌱 초등이가 열심히 공부를 했나봐요~ 초등이의 일기를 살짝 훔쳐 볼까요?

2009년 2월 7일 월요일 날씨 : 눈

제목 : 영어수업

오늘 영어수업시간에 'CAN'에 관하여 배웠다. 선생님이 말씀하셨다. "I can, you can, he can, she can, they can, we can, it can". 난 그게 뭔지 몰랐다. 그러나 선생님은 또 말씀 하셨다. "I can, you can, he can, she can, they can, we can, it can" 그리고 또 따라 하라고 하셨다. "좀 더 빨리 두 번" 어쨌든 우리는 반복했다. 갑자기 나에게 "Can you swim?" 이라고 물어보셨다. 그때서야.. 난 아~~ "Yes, I can" 하고 대답했다. 그리고 나서 난 문장을 술술 만들었다. 난 먹을 수 있다. 말할 수 있다. 달릴 수 있다. 노래할 수 있다. 등등등... 'can'을 배우고 나서 난... 할 수 있는 것이 더 많아질 것이다.

Date : Monday. February seventh. Weather: Snowy

Title : English class

Today I learned about 'can' in English class. My teacher said "I can, you can, he can, she can, they can, we can, it can". I didn't know that. But the teacher said again "I can, you can, he can, she can, they can, we can, it can". The Teacher said "Repeat after me! More quickly 2 times". Anyway we repeated. Suddenly she asked "Can you swim?" and I answered "Yes, I can". After then I can make sentences. I can eat, I can talk, I can run, I can sing and so on. After I learned about 'can', I will be able to do.

🍭 can을 이용한 문장을 만들어 보세요.

1) 그녀는 춤을 잘 출 수 있나요?

2) 우린 이 강을 건널 수 있다.

3) 그는 어떻게 쿠키를 만들 수 있니?

틀린 문장을 찾아 고친 후에 아래 빈칸에 다시 써보세요.

Today I learn about 'can' in English class. Teacher said "I can, you can, he cans, she can, they can, we can, it cans". I didn't know that. But teacher said again "I cans, you can, he cans, she can, they cans, we can, it can". teacher said "repeat after I! more quickly 2 time". However we repeated. Suddenly she asked "can you swimming?" and I answered "Yes, I can't". After then I can make sentences. I can eat, I can talk, I can run, I can sing and so on. After I learned about "can", I will be able to doing.

나만의 일기를 써보세요.

Date :   Weather :
Title :

173

이 챕터에서는 미래를 나타내는 조동사
'will'의 활용법에 대해서 공부해 보겠어요.

Will 조동사를 이용하여 영작하기

Key Sentences

I will play the guitar.
나는 기타를 연주할 것이다.

You will solve this question.
너는 이 문제를 풀 것이다.

He would be a top student in his school.
그는 그의 학교에서 일등을 했었을 것이다.

Seong-min is going to fly an airplane.
성민은 비행기를 조종할 것이다.

I was going to cook curry and rice.
나는 카레라이스를 만들려고 하였었다.

We are not going to play soccer today.
우리는 오늘은 축구를 하지 않을 것이다.

조동사 중의 하나인 will은 '~할 것이다'로서 미래를 나타내고자 할 때 사용한답니다.
will의 과거형은 **would**이구요, 이 동사 역시 인칭에 상관없이 변하지 않으며 will 다음에는 동사의 원형만 온답니다.

He finally will get home. – 1형식
주어   부사   동사구   부사

그는 마침내 집에 도착할 것이다.

Will you be a surgeon? – 2형식
동사   주어   동사   보어

너는 외과의사가 될거니?

What will you get for your birthday? – 3형식
목적어   동사   주어   동사   부사구

생일 선물로 무엇을 받을 거니?

My son would send her a message at that time. – 4형식
주어   동사구   간.목   직.목   부사구

나의 아들이 그때 그녀에게 메시지를 보냈을 것이다

She will not want her daughter to be a musician. – 5형식
주어   동사구   목적어   목적보어

그녀는 그녀의 딸이 음악가가 되기를 원하지 않을 것이다

문 제

※다음 문장들을 해석하세요.

1) We finally will get onto her schemes.

2) He won't want to see you.

3) I wouldn't know how to set the alarm.

4) My father would set a price on the book.

5) She won't get our tools ready.

6) They would take a walk after dinner at that time.

7) Will you make him to go there?

8) Our circle will not sing and dance at the festival.

9) Mr. Koh will not go to South Africa to volunteer this year.

Words-tips

scheme : 계획
tool : 도구
take a walk : 산책하다
festival : 축제
volunteer : 봉사하다

2. be going to를 사용한 영작예문

am going to의 과거는 was going to로 쓰고요, are going to의 과거는 were going to로 써야 한다는 것 기억하시나요? 이 정도는 식은 죽 먹기일 거라고 생각해요. will이나 would 대신 be going to로 바꾸어 사용할 수 있는 것을 배워보기로 해요.

I am not going to want to see you. – 3형식
주어   동사구   목적어구

너를 만나고 싶지 않을 것이다.

He is not going to want   them   to sing in tune! – 5형식
주어   동사구

그는 그들이 음을 맞추어 노래하는 것을 원하지 않을 것이다.

We were going to cook   orphans   Bulgogi. – 4형식
우리는 고아들에게 불고기를 해주었을 것이다.

Your brother wasn't going to be   an English teacher. – 2형식
너의 오빠는   되지 못했을 것이다   영어 선생님이

Our science teachers are going to run at a marathon race. – 1형식
우리 과학 선생님은   달릴 것이다   마라톤 경주에서

여기서 조동사 would에 대해 두 가지만 더 배워요.

01 ~하곤 했다(즉 지금은 더 이상 하지 않고 과거에 했던 습관을 표현하는 것이랍니다.)

I would take a walk for 30 minutes after dinner.
나는 저녁 식사 후에 30분 동안 산책하곤 했다.

02 조동사 would는 가장 정중한 표현으로서 사용된답니다.

Would you do me a favor?
제 부탁 좀 들어 주실래요?

1) We finally will get onto her schemes.

2) He won't want to see you.

3) I wouldn't know how to set the alarm if your brother didn't teach the way.

4) My father will set a price on the book.

5) She will get our tools ready.

6) They would take a walk after dinner at that time.

7) Will you make him to go there?

8) Our circle will sing and dance at the festival

9) Mr. Koh will not go to South Africa to volunteer this year.

10) Her aunt would buy me an airline ticket.

문 제

※다음 우리말을 영어로 옮기세요.

1) 나는 이제 열심히 공부할 것이다.

2) 이 문은 열리지 않을 것이다.

3) 그는 제인과 결혼했을 것이다.

4) 손님들이 소란할 거야.

5) 케이크 좀 드실래요?

6) 제시카는 곧 돌아올 거야.

7) 우리는 공원에서 산책하곤 했다.

8) 창문을 열어 주시겠어요?

9) 빌은 그 시험에 통과하지 못했을 것이다.

10) 내 형은 내년에 25살이 될 것이다.

Words-tips

공부하다 : study
문 : door
열다 : open
손님 : customer
공원 : park
산책 : take a walk
창문 : window
통과하다 : pass

나도 영어로 일기 쓸래~
will 조동사로 쓰기

 오늘은 초등이가 결혼을 빨리 하고 싶대요. 초등이의 일기를 살짝 훔쳐 볼까요?

2009년 5월 7일 일요일 날씨 : 비

제목 : 신부여~ 신부여 나의 신부여

난 가능하면 빨리 결혼을 하고 싶다. 그래서 오늘 내 미래의 신부에게 글을 쓸것이다. 신부여 신부여 나의 아름다운 신부여~난 당신을 위해 요리를 하겠소. 신부여 신부여 나의 아름다운 신부여~ 난 당신을 위해 설거지를 하겠소. 신부여 신부여 나의 아름다운 신부여~ 난 당신을 위해 청소를 해주겠소.신부여 신부여 나의 아름다운 신부여~ 우리의 아이들을 내가 다 돌봐주겠소. 신부여 신부여 나의 아름다운 신부여~ 당신을 위해 모든지 다 하겠소. 나와 결혼해 주겠소? 만약 싫다고 한다면.. 흑흑

아무것도 안먹고, 공부도 안하고 아무것도 안할꺼다. 난 나의 미래의 신부가 "예스"라고 말해주면 좋겠다. 그나저나 그게 가능한가? 불가능한가? 암튼.. 결혼을 빨리 하고 싶다.

Date : Sunday. May. seventh. Weather: Rainy

Title : bride! bride! my bride!

I want to marry as soon as possible. So today I am going to write to my future's bride.

Bride! Bride! My bride! I will cook for you. Bride! Bride! My bride! I will wash the dishes for you. Bride! Bride! My bride! I will clean the house. Bride! Bride! My bride! I will take care of our children. Bride! Bride! My bride! I will do everything for you. Please will you marry me? If she says "No" I won't eat anything, study and do. I hope that my future's bride says "Yes" is it possible? Or is it impossible? Anyway I will marry soon.

🍭 will을 이용한 문장을 만들어 보세요.

1) 난 커서 의사가 될 것이다.

2) 그녀는 친구들과 밤 12시에 만날 것이다.

틀린 문장을 찾아 고친 후에 아래 빈칸에 다시 써보세요.

I want to marry as sooner as possible. So today I am go to write to my future's bride. Bride! Bride! My bride! I will cook for you. Bride! Bride! My bride! I will wash the dishes for you. Bride! Bride! My bride! I will clean house. Bride! Bride! My bride! I will took care of our childrens. Bride! Bride! My bride! I will do everything for you.

Please will you marry me? If she says "No" I won't eat anything, study and do. I hope that my future's bride says "Yes" is it possible? or is it unpossible? Anyway I will marry soon.

나만의 일기를 써보세요.

Date : _____ Weather : _____

Title : _____

181

이 챕터에서는 추측을 나타낼 때 사용하는
조동사 'may, might, must, cannot'에 대해
공부하겠어요.

추측의 조동사로 쓰기

Key Sentences

He may not return here.
= He might not return here.
그는 여기로 돌아오지 않을지도 몰라.

It must be quite some car.
그게 상당한 차인 것만은 틀림없어.

It may cost $100 or probably less.
100 달러 또는 아마 그 이하의 비용이 들 것이다.

That cannot be false.
그것이 거짓일 리가 없다.

It must have something to do with masculine pride.
그것은 남자의 자존심과 관계된 일임에 틀림없다.

I might well consider it later.
그건 나중에 생각해 보는 게 좋겠어.

'may'는 '~일지도 모른다'이며 'might'는 원래는 may의 과거이지만 현재 시제에서도 같은 뜻으로 사용되고 있어요. may가 50% 정도를 확신하는 것이라면 might는 이 것보다 좀 더 희박한 것을 추측할 때 사용되고 있답니다.

조동사이므로 모든 문장의 형식에 두루 사용되겠지요.

It　may rain　tomorrow. － 1형식
주어　　동사구　　부사

내일 비가 올지도 몰라요.

You　might not want　to come back.　－ 3형식
주어　　　동사구　　　목적어

어쩌면 너는 돌아오고 싶지 않은지도 몰라.

That　might have been　true. － 2형식
주어　　　동사구　　　보어

어쩌면 그것은 정말이었을지도 모른다.

추측 동사의 과거를 표현할 때는 '조동사 + have + 과거분사'의 공식을 사용한답니다. 바로 위의 문장을 보면 알 수 있을 거예요.

다음 아래의 문장에 있는 조동사 may는 또 다른 뜻으로 사용되는 예를 보여주는 것입니다. 상황에 따라 '~해도 좋다'는 허락의 의미로 사용될 수도 있으니 참고하세요.

You　may go　now. － 1형식
주어　동사구　부사

이제 가도 괜찮다.

1) You might get the job.

2) It may rain soon.

3) He might not have died last year.

4) You may laugh, but I'm in deadly earnest.

5) You may have laughed, but I was in deadly earnest.

6) May I ask a favor of you?

7) He may be swimming in the pool.

8) It might not has been true.

Words-tips

deadly : 진실로
earnest : 성실한
expect : 예상하다
harvest : 수확
visit : 방문하다

9) We may expect a good harvest.

10) It may be that I'll visit America this spring.

may와 might가 약한 추측을 할 때 사용되는 조동사라면 must와 cannot은 매우 강하게 확신하는 것을 표현하는 조동사랍니다. must의 부정적인 추측이 must not일 것 같지만 전혀 아니고요, 오히려 cannot을 사용해서 표현한답니다. 이 점을 반드시 꼭 꼭 암기해야 해요. 둘 다 거의 100%에 가까운 강한 추측을 할 때 사용한답니다.

Your parents must be proud of you. — 2형식
　　주어　　　　　　동사구　　　　보어

너의 부모님은 너를 틀림없이 자랑스러워하실 거야.

Your parents must have been proud of you. — 2형식
　　주어　　　　　　　동사구　　　　　　보어

너의 부모님은 너를 자랑스러워하셨던 것이 틀림없다.

He cannot sell his mother's legacy.　 — 3형식
주어　　동사구　　　　　목적어구

그가 어머니의 유산을 팔 리가 없다.

He cannot have sold his mohter's legacy. — 3형식
주어　　　　동사구　　　　　　　목적어구

그가 의사였을 리가 없다.

기억하시죠? 추측동사의 과거는 '조동사 + have + 과거분사'로 표현한다는 것이요. 이 부분에서는 한글 해석을 주의 깊게 보는 것이 중요합니다.

1) They must have left.

2) You must know this.

3) It must be true.

4) He mustn't have known it.

5) That woman cannot steal this jewel.

6) That woman cannot have stolen this jewel.

7) I thought you must have lost your way.

8) My dog cannot lose his way because he is very smart.

9) Steven must be there.

10) Steven must not have been there.

Words-tips

steal : 훔치다
jewel : 보석
lose : 잃다
smart : 영리한

1) Someone must have displaced the furniture.

2) "May I try one of your cakes?"
  "Of course, help yourself."

3) May I have the next dance?

4) You may run your own restaurant.

5) She might have run her own hair shop when she was young.

6) 그는 풀장에서 수영하고 있는지도 모른다.

7) 그것은 사실일 수도 있고 사실이 아닐 수도 있다.

8) 그는 그것을 몰랐었을 리가 없다.

9) 그녀가 그의 약점을 숨길 리가 없다.

10) 그들이 그때 연못에 있었을 리가 없다.

Words-tips

displace : 잘못 배치하다
furniture : 가구
pond : 연못
run : 경영하다
수영장 : swimming pool
약점 : weakness

나도 영어로 일기 쏠래~
추측의 조동사로 쓰기

 오늘은 초등이가 청학동에 갔대요~ 초등이의 일기를 살짝 훔쳐 볼까요?

2009년 8월 3일 일요일 날씨 : 햇님

제목 : 예의바른 초등이

오늘 난 나의 동생과 청학동에 갔다. 청학동은 한국에서 예의범절을 배울 수 있는 가장 유명한 곳이다. 그래서 이번 여름방학에 우리는 이곳에 왔다. 이곳에 많은 법칙들이 있다. 그 중 우리가 말을 할 때 항상 ~해도 되나요? 하고 공손하게 말해야 한다. 예를 들면 수업시간에 "선생님 화장실 가도 되나요?, 선생님 물은 마셔도 되나요?" 이렇게 말이다. 집에선 "엄마 나 물, 엄마 나 밥" 이렇게 말했었는데. 지금 생각해보니 챙피했다. 이제부터 난 예의바른 초등이다.

주문하시겠습니까? 하하하...

Date : Sunday. August. third. Weather: Sunny

Title : polite 초등이

Today my brother and I went to 청학동. 청학동 is the most famous place to learn polite manners. So on this summer vacation we came here. There are many rules in here. When we say we must always add "May". For example, "Teacher, May I go to the bathroom?". "May I drink some water?" like this. At home I said "Mommy, water! Mommy rice". I was ashamed. From now on I am a polite 초등이.

May I take your order? Haha..

🍭 May을 이용한 문장을 만들어 보세요.

1) 넌 그곳에 가면 안 돼.

2) 주문하시겠습니까?

3) 그들이 서로 사랑해도 되나요?

4) 사람들은 가끔 밥을 안 먹어도 돼.

틀린 문장을 찾아 고친 후에 아래 빈칸에 다시 써보세요.

Today my brother and I go to 청학동. 청학동 is most famous place to learning polite manners. So on that summer vacation we came here. There is many rules in here. When we say we must always add "May". For example, "Teacher, May I go to the bathroom?". "May I drink some water?" like this. In home I said "Mommy, water! Mommy rice". I was a ashamed. From now on I am a polite 초등이.

May I take your order? Haha..

나만의 일기를 써보세요.

Date :

Weather :

Title :

Chapter 21

이 챕터에서는 의무를 표현하는 조동사
'must, have to, must not, should,
ought to'에 관해 공부하겠어요.

의무의 조동사로 쓰기

Key Sentences

Henry has to wake at 6 o'clock tomorrow.
헨리는 내일 6시에 일어나야 한다.

Everyone ought to obey the law.
누구나 법을 준수해야 한다.

He must pay his rent in advance.
그는 방세를 선불로 내야 한다.

Words-tips

obey : 준수하다
law : 법
pay : 지불하다
in advance : 미래
pay a visit : 방문하다
observe : 법을 지키다
pass : 통과하다
examination : 시험

A must book.
반드시 읽어야 할 책

I should pay a visit to the doctor.
나는 의사 선생님을 방문해야 한다.

People have to observe the rules.
사람은 법을 지켜야 한다.

I must study harder so that I can pass the examination.
시험에 합격하려면 보다 열심히 공부해야 한다

1. must, have to, must not

조동사 must와 have to (has to)는 '~을 해야만 한다'의 뜻으로서 강제적으로 해야하는 강한 의무를 표현할 때 사용하지요. must는 have to보다 좀 더 강한 느낌을 주며 must는 말하는 사람의 의지가 강한 반면 have to는 주어의 의지가 강하게 포함된 것이라고 할 수 있습니다.

여기서부터는 문장의 형식을 더 이상 구분하지 않겠습니다. 이미 여러분이 앞에서부터 계속 공부해 왔으므로 잘 알 것이라 생각됩니다.

Doctors must be able to read symptoms correctly.
의사들은 증상을 정확히 읽을 수 있어야 한다.

I have to go – I have a bus to catch.
가야겠어요. 버스를 타야 하거든요.

Everybody must show their ticket.
차표를 보여 주시기 바랍니다.

We have to alert the public to the danger.
사람들에게 위험을 경고해야 한다.

* He must not throw trash away here.
  = Don't throw trash away here.
그는 여기에 쓰레기를 버리면 안 된다.

must not(= mustn't)은 '~하면 절대 안된다'는 뜻이며 강한 금지를 나타내는 명령과도 같습니다.

1) She must see her manager.

2) Students have to focus on teachers.

3) You really mustn't say anything about it.

4) I had to finish the project last night.

5) They will have to hand in the report.

6) Your brother and you must memorize this poem today.

7) The writer had to write his novel by yesterday.

8) He must not attend the meeting.

Words-tips

focus on : 집중하다
hand in : 제출하다
memorize : 기억하다
poem : 시
novel : 소설
attend : 참석하다

9) You must pay your tax.

10) Your sister has to keep her words.

2. should, ought to

조동사 should와 ought to는 must나 have to와는 달리 우리가 마땅히 지켜야 하는 도리를 이야기할 때나 충고 등을 할 때 사용한답니다. 우리말로 해석할 때는 같지만 강도나 의미가 조금은 다르므로 아래의 예문들을 통해서 익히기로 해요.

She ought to see a doctor.
그녀는 의사에게 진찰을 받아야 한다.

We ought to go; it's getting late.
우린 가야겠어. 늦어지고 있어.

He should get out (of the house) more.
그는 외출을 좀 더 많이 해야 한다.

You should cut out chocolate if you want to lose weight.
네가 살을 빼고 싶으면 초콜릿을 끊어야 돼.

You should not do that.
그런 짓을 해서는 안 된다.

He ought not to be punished.
그는 처벌받지 말아야 한다.

🐾 ought to를 부정문으로 만들 때는 'ought not to'라고 해야 한답니다. 여러분 중에는 'ought to not'이라고 생각한 분도 있을 거예요. 그렇게 생각하기 쉽지만 정해진 공식을 잘 보고 암기하기 바랍니다.

문 제

※다음 문장들을 해석하고 문장의
형식을 말하세요.

1) He should do his homework now.

Words-tips

inform : 알리다
pollute : 오염시키다
remain : 남은 물량
instead of : ~대신에

2) Jennifer ought to give up smoking.

3) You ought to see a doctor.

4) We ought to inform head office.

5) My son should diet and get more exercise.

6) People ought not to pollute air.

7) You should not keep the remains of medicines.

8) My team ought to start now.

9) Why should your mom go there instead of you?

10) They ought not to buy those clothes because they are too expensive.

문 제

※다음에서 영어로 된 문장은 우리말로
옮기고 우리말 문장은 영어로 옮기세요.

1) I should like to see you again.

2) Something ought to have been done before now.

3) He ought to have arrived by now/by this time.

4) She should finish with him - he treats her very badly.

5) I was afraid that he might have lost his way.

6) 당신은 이번에는 꼭 약속을 지켜야만 한다.

7) 선생님은 쉬는 게 좋겠어요.

8) 우리는 내일 일찍 일어나기 위해서는 지금 자야만 한다.

9) 그들이 그 음악을 들었던 것이 틀림없다.

10) 당신이 그것을 꼭 해야만 한다면 해라(하는 수 없다).

나도 영어로 일기 쓸래~
의무, 충고의
조동사로 쓰기

 오늘은 초등이가 아픈가봐요~ 초등이의 일기를 살짝 훔쳐 볼까요?

2009년 1월 6일 금요일 날씨 : 비

제목 : 약이 싫어요

오늘 나는 무지 아팠다. 감기였다. 낮에 병원에도 갔다 왔다.

의사선생님께선 열이 있어서 약을 먹어야 한다고 하셨다. 하지만 난 약이 무지 무지 싫었다.

그래서 의사선생님께 약먹는거 말고 뭐 다른건 없냐고 물어봤다.

선생님께선 휴식을 취하고, 일찍 잠자리에 들고, 따뜻한 물을 마시고, 절대 밖에 나가면 안 된다고 하셨다. 그리고 의사 선생님 말씀도 잘 들으라고 하셨다. "알겠습니다. 선생님... 모든지 할게요." 라고 난 말했다. 제발.. 약은..... 싫어요.

Date : Friday. January. sixth. Weather: Rainy

Title : I don't like medicine

Today I was very sick. I had a cold. In the afternoon I went to the doctor.

The doctor said "You have a fever so you must take some medicine".

But I didn't like bitter medicine. So I asked "What should I do anything else?"

The doctor said "You should rest, you should go to bed early, you should drink warm water, you must not go outside and you must to listen to me". I said "OK doctor, I will do anything". But.. please... I hate medicine!!

---

must와 should를 이용한 문장을 만들어 보세요.

1) 넌 쓰레기를 밖에 가져다 버려야해.

2) 그녀는 약속을 지켜야 합니다.

3) 우리는 일찍 자야 합니다.

4) 너 무슨약을 먹어야 하니?

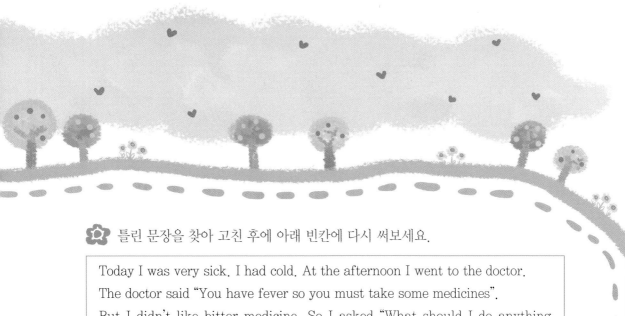

틀린 문장을 찾아 고친 후에 아래 빈칸에 다시 써보세요.

Today I was very sick. I had cold. At the afternoon I went to the doctor.
The doctor said "You have fever so you must take some medicines".
But I didn't like bitter medicine. So I asked "What should I do anything else?"
The doctor said "You should rest, you should go to bed early, you should drink warm waters, you must not goes outside and you must to listen to I".
I said "OK doctor, I will do anything". But.. please... I hate medicine!!

나만의 일기를 써보세요.

Date : _____   Weather : _____
Title : _____

197

이 챕터에서는 진행형 시제와
진행형을 사용할 수 없는 동사들에
대해서 공부해 보아요.

진행형을 사용하여 영작하기

Key Sentences

I am studying English.
나는 영어를 공부하는 중이다.

You were playing tennis.
너는 테니스를 치는 중이었다.

He is shopping at a department store.
그는 백화점에서 장보는 중이다.

She was writing a book about ecology(생태학).
그녀는 생태학에 관한 책을 쓰고 있었다.

We're taking a trip to Spain next year.
우리는 내년에 스페인으로 여행갈 것이다.

They will be staying in Tokyo.
그들은 도쿄에서 머무르고 있는 중일 것이다.

1. 여러 가지 진행형 시제로 써보기

진행형 시제가 무엇인지 알고 있나요? 지금까지 문법을 공부하고 영작까지 익힌 친구라면 진행형이 어떤 의미인지 알고 있으리라고 생각해요. 그래도 다시 한 번 설명할게요.
우리말로는 **' ～하는 중이다'**라고 해석하구요 영어로 표현할 때는 공식이 있답니다.
한 가지씩 살펴보기로 해요.

01 현재진행: be (am, are, is) + 동사원형+ing

We are boarding flight 747 now.
우리는 지금 747 비행기에 탑승 중이다.

02 과거진행: be (was, were) + 동사원형+ing

We were boarding flight 747 then.
우리는 그때 747 비행기에 탑승 중이었다.

03 미래진행: will be + 동사원형+ing

We will be boarding flight 747 tomorrow.
우리는 내일 747 비행기에 탑승 중일 것이다.

04 진행형 수동태: be + being + 과거분사

Trees are being planted in our garden.
나무들이 우리 정원에 심겨지고 있는 중이다.

05 현재 진행형은 미래를 나타낼 수 있다

🐾 시간과 장소가 정해진 경우와 금방 어떤 동작은 시작하려고 할 때 현재 진행형으로 표현해도 미래가 될 수 있어요.

He is meeting his mom this Saturday.
그는 엄마를 이번 토요일에 만날 것이다.

기본기 다지기

1) It snows a lot in January.

2) She played the violin.

3) Do you study social studies at school?

4) Miss Kim teaches us English.

5) I don't learn how to play tennis.

6) He cooked supper yesterday.

7) The children didn't steal money.

8) The police officer saved him.

Words-tips

January : 1월

violin : 바이올린

social studies : 사회

learn : 배우다

police office : 경찰서

save : 살리다

9) Does your mother write a novel these days?

10) They built a new skyscraper then.

2. 진행형으로 사용할 수 없는 동사들

영어에서 우리말로 해석했을 때 '~다'로 끝나면 그 단어는 동사이지요. 동작이나 상태를 나타내는 것이 동사인데요, 그중에 특별히 상태를 나타내는 동사는 진행형으로 쓸 수가 없답니다. 왜냐구요? 아래의 예문을 보시면 금방 이해가 될 겁니다.

상태를 나타내는 동사를 좀 더 자세히 구분하자면 소유, 존재, 지각, 인지, 감정 등입니다.

01 소유를 나타내는 동사: have, belong, posses, own

My son belongs to Dae-han middle school. (O)
My son is belonging to Dae-han middle school. (X)

02 인지를 나타내는 동사: know, think, remember, understand, believe

She knew about the fact. (O)
She was knewing about the fact. (X)

03 감정을 나타내는 동사: like, love, hate, dislike

They love each other. (O)
They are loving each other. (X)

04 지각을 나타내는 동사: see, sound, hear, feel, smell, taste

Bulgogi smells delicious. (O)
Bulgogi is smelling delicious. (X)

05 존재를 나타내는 동사: be, become, resemble

My son resembles his father. (O)
MY son is resembling his father. (X)

1) I am belong to Guri middle school now.

2) Mr. Green was resembling his father.

3) They aren't having a nice car.

4) She is loving the man that she met at the party.

5) It is smelling very sweet.

6) She was feeling scared.

7) David is becoming a lawyer.

8) Daniel wasn't knowing the fact.

9) We were possessing a laptop computer last month.

10) Your boy friend and you are hating each other.

문 제

※다음 우리말을 영어로 옮기세요.

1) 나의 가족은 공항에 가는 중이다.

2) 우리는 이모를 만날 것이다.

3) 내 남동생은 차 안에서 과자를 먹는 중이다.

4) 아빠는 운전하시는 중이다.

5) 엄마는 잠을 자고 있는 중이다.

6) 어젯밤에는 짐을 싸는 중이었다.

7) 가족이 서로서로 대화를 하는 중이었다.

8) 모두 다 행복하게 느꼈다.

9) 우리는 비행기에 탑승하는 중이다.

10) 내일은 이모를 만나고 있는 중일 것이다.

Words-tips

가족 : family
공항 : airport
이모 : aunt
과자 : buscuit
운전하다 : drive
짐을 싸다 : pack
대화하다 : have a conversation
탑승하다 : get on

나도 영어로 일기 쏠래~
진행형으로 쓰기

 오늘은 초등이가 아빠를 도와서 뭔가를 하고 있나봐요~ 초등이의 일기를 살짝 훔쳐 볼까요?

2009년 8월 14일 일요일 날씨 : 구름

제목 : 깜짝 파티

학교끝나고 집에 돌아왔을때 부엌에서 요리하는 소리를 들었다. 그런데 엄마대신에 아빠가 부엌에 계셨다. 난 아빠에게 뭐하고 계시냐고 물었다. 아빠는 요리를 하고 계시다고 했다. 케익을 만드신다고 했다. 난 놀랐다. 대체 아빠가 "왜 케이크를 만들고 계시나요?" 아빤 오늘이 엄마의 생신이라고 하셨다. 초등이 너 몰랐니? 하고 물으셨다. 사실 몰랐다. 부끄럽고 엄마께 죄송했다. 그래서 난 아빠를 도왔다. 지금 난 엄마의 깜짝파티를 준비하고 있다.

난 풍선을 불고, 상도 차리고, 고깔모자도 쓰고 있다. 하하..

엄마 생신축하드려요.

Date : Sunday. August fourteenth. Weather: Cloudy

Title : Surprise party!

After school when I came back home I heard "chop, chop" in the kitchen.
There was a dad instead of mom. I asked "Daddy, what are you doing? Dad said "I am cooking, I am making a birthday cake" I was surprised. So I asked again "Why are you making a birthday cake?" Daddy said "Today is mom's birthday, don't you know?" In fact I didn't know that. I was ashamed and felt sorry for mom. So I helped dad. Now I am preparing the surprise party for mom. I am blowing balloons, setting the table and wearing a party hat. Mommy! Happy birthday!!

---

 be동사+동사원형+ing를 이용한 문장을 만들어 보세요.

1) 난 도서관에서 영어공부를 하고 있다.

2) 그는 친구들과 축구를 하고 있니?

3) 왜 그녀는 이곳에서 널 기다리고 있니?

틀린 문장을 찾아 고친 후에 아래 빈칸에 다시 써보세요.

Before school when I came back home I hear "chop, chop" in the kitchen. There were a dad instead of mom. I asked "Daddy what are you do? Dad said "I am cooking, I am making a birthday cakes" I was a surprised. So I asked again "Why do you making a birthday cake?" Daddy said "Today is mom's birthday, don't you know?" In fact I didn't know that. I was ashamed and felt sorry for mom. So I helped dad. Now I preparing the surprise party for mom. I am blowing balloon, setting the table and wearing a party hats. Mommy! Happy birthday!!

나만의 일기를 써보세요.

Date :

Weather :

Title :

정답 및 해설

문장의 형식 Ⅰ

1. 영작을 위한 기본 요소 점검

〈기본기 다지기〉

	English	Korean	구 분
1	study	공부하다	단어
2	on the beach	해변에서	구
3	into the sky	하늘로	구
4	beautiful	아름다운	단어
5	The birds are singing a song.	그 새들은 노래하는 중이다	절
6	Here comes the bus.	여기 버스가 온다	절
7	Be the first!	일등이 되어라	절
8	charming	매력적인	단어
9	with my friend	친구와 함께	구
10	in order to pass the examination	시험에 합격하기 위하여	구

2. 1~2형식

〈기본기 다지기〉

1) They are teachers. (그들은 교사들이다.)
    s   v   c

2) You look beautiful. (너는 아름다워 보인다.)
    s   v   c

3) Your dog is very cute. (너의 개는 매우 귀엽다.)
     s   v   c

4) I smelled sweet in the kitchen last night. (나는 어젯밤 주방에서 향기로운 냄새를 맡았다.)
  s   v   c

5) I can fly. (나는 날 수 있다.)
  s   v

6) We went. to school yesterday. (우리는 어제 학교에 갔다.)
  s   v

7) <u>He</u> <u>is not</u> <u>my boyfriend</u>. (그는 내 남자친구가 아니다.)
    S   V   C

8) <u>Maria</u> <u>will become</u> <u>a nail artist</u>. (마리아는 네일 아티스트가 될 것이다.)
      S   V   C

9) <u>Are</u> <u>you</u> <u>Melana</u>? (너는 멜레나이니?)
     V   S   C

〈한 단계 더 나아가기〉

1) <u>She</u> <u>looks</u> <u>happy</u>. (2형식, 그녀는 행복해 보인다.)
    S   V   C

2) <u>She</u> <u>runs</u> <u>quickly</u>. (1형식, 그녀는 빨리 달린다.)
    S   V   부사

3) <u>I</u> <u>'ll become</u> <u>a doctor</u>. (2형식, 나는 의사가 될 것이다.)
    S   V   C

4) <u>It</u> <u>smells</u> <u>good</u>. (2형식, 그것은 좋은 냄새가 난다.)
    S   V   C

5) <u>They</u> <u>walk</u> <u>slowly</u>. (1형식, 그들은 천천히 걷는다.)
    S   V   부사

6) <u>That</u> <u>sounds</u> <u>great</u>. (2형식, 그것이 좋은 것처럼 들린다.)
    S   V   C

7) <u>The sun</u> <u>shines</u>. (1형식, 태양이 빛난다.)
     S   V

8) <u>The room</u> <u>is</u> <u>bright</u>. (2형식, 그 방은 밝다.)
     S   V   C

9) <u>He</u> <u>feels</u> <u>hungry</u>. (2형식, 그는 배고픔을 느낀다.)
    S   V   C

10) <u>Her story</u> <u>sounded</u> <u>strange to us</u>. (2형식, 그녀의 이야기는 우리에게 이상하게 들린다.)
      S   V   C

해설 * 감각동사 : 대표적인 2형식동사입니다. 우리말로 해석할 때 '~이다, 아니다, ~같다, ~처럼 보이다, ~인 듯하다, ~처럼 들리다, ~처럼 느끼다, ~한 맛이 난다' 등으로 해석되면 그 동사는 뒤에 반드시 보어를 받게 되어 2형식 문장을 이끌게 된답니다.

1) Today is my grandmother's birthday.

2) I was busy, sad and sleepy.

3) I got up at 8:30.

4) Cookies are delicious.

5) Are you always happy?

> Today was a picnic day. I got up early in the morning. When I opened the window, it was raining outside. I was upset, very angry and sad. I like a rainy day but not today.
> God! Why did it rain today?

문장의 형식 II (3 ~ 4형식)

1. 문장의 3형식

〈기본기 다지기〉

1) <u>We</u> <u>visit</u> <u>grandparents</u> every Sunday. (우리는 조부모님을 매주 일요일에 방문한다.)
    S   V   O

2) <u>We</u> <u>got</u> <u>angry</u> with him. (우리는 그에게 화가 났다.)
    S   V   C

3) <u>He</u> <u>put</u> <u>his hands</u> in his pocket. (그는 그의 손을 주머니에 넣었다.)
    S   V   O

4) <u>The song</u> <u>sounds</u> <u>very sad</u>. (그 노래는 슬프게 들린다.)
        S   V   C

5) Once upon a time <u>a fox</u> <u>lived</u> in the forest. (옛날에 여우가 숲속에 살았다.)
                      S   V

6) <u>She</u> <u>likes</u> <u>green tea</u>. (그녀는 녹차를 좋아한다.)
    S   V   O

7) Timothy has a sister. (티모시는 누나가 있다(누나를 가지고 있다.))
      S   V   O

8) I think that he is the movie star. (나는 그가 영화배우라고 생각한다.)
   S   V   O

9) My little son loves to water flowers. (내 어린 아들은 꽃에 물주기를 좋아한다.)
        S   V   O

2. 문장의 4형식

〈기본기 다지기〉

1) He sent me my birthday present. (그는 나에게 생일 선물을 보냈다.)
   S   V   IO   DO

2) I 'll show you my album. (내가 너에게 내 앨범을 보여 줄게.)
   S   V   IO   DO

3) My mom made me a lunch. (내 엄마는 내게 점심을 해 주셨다.)
     S   V   IO   DO

4) He asked a favor of me. (그는 내게 부탁했다.)
   S   V   O

5) Would you lend me a pen? (너는 내게 펜을 빌려 줄래?)
    V   S   V   IO   DO

6) to   7) for   8) of   9) for   10) of   11) to

〈한 단계 더 나아가기〉

1) They will tell you the secret. (그들은 네게 비밀을 말할거야.)
    S   V   IO   DO

2) Alex put his pencil case on the chair. (알렉스는 필통을 의자 위에 놓았다.)
    S   V   O   M(수식어구)

3) Jay lent Jack his old snowboard. (제이는 잭에게 오래된 스노우보드를 빌려 주었다.)
    S   V   IO   DO

4) <u>Samuel</u> <u>finished</u> <u>blowing up the balloon</u>. (사무엘은 풍선불기를 끝냈다.)

        S   V   O

5) <u>Pat and she</u> <u>are</u> <u>guarding the entrance</u>. (팻과 그녀는 입구를 지키고 있다.)

          S   V   O

6) <u>The leaves</u> <u>are</u> <u>red, yellow, and orange</u>. (그 잎들은 빨강, 노랑, 오렌지색이 되었다.)

         S   V   C

7) <u>The train from London</u> <u>arrived</u> three hours late. (런던에서 온 기차는 3시간 후에 도착했다.)

             S   V

8) <u>She</u> <u>took</u> <u>a hammer</u> and <u>hit</u> <u>a nail</u> in the wall. (그녀는 망치를 가지고 벽에 못을 박았다.)

    S   V   O   V   O

9) After the earthquake, <u>the city</u> <u>was destroyed</u>. (지진 후에 도시가 파괴되었다.)

                        S   V

〈나도 영어로 일기쓸래〉

1) Our English teacher teaches us English.

2) I sent letters to my friends.

3) She fixed a computer.

4) A post officer shows a letter to her.

5) My father drank beer at home.

I went shopping with my parents. It took about 30 minutes from my house to the shopping mall by bus. My brother wanted to have a baseball cap and I wanted to have running shoes. 30 minutes later, we arrived at last. My dad bought me shoes and my mom bought him a baseball cap.

I was so happy. Next week there is a baseball game. That day I will wear my new shoes. Mom and dad! Will you see me playing baseball?

 **Chapter 3** 문장의 형식 Ⅲ (문장의 꽃 5형식)

1. 모든 문장의 꽃 : 5형식

〈기본기 다지기〉

1) My friend calls <u>me</u> <u>Josh</u>.(내 친구는 나를 조쉬라고 부른다.)
   O   O.C

2) He made <u>me</u> <u>happy</u>. (그는 나를 행복하게 만들었다.)
   O   O.C

3) I want <u>everything</u> <u>ready</u> by noon. (나는 모든 것이 정오까지 준비되어 있기를 원한다.)
   O   O.C

4) His boss didn't want <u>his company</u> <u>to be famous</u>. (그의 상사는 그의 회사가 유명하게 되
   O   O.C
   는 것을 원하지 않았다.)

5) Do you want <u>me</u> <u>to go</u> now? (너는 내가 지금 가기를 원하니?)
   O   O.C

6) Could you tell <u>her</u> <u>to call me</u>? (당신은 그녀에게 내게 전화하라고 전해 주시겠어요?)
   O   O.C

7) They thought <u>him</u> <u>to be honest</u>. (그들은 그가 정직하다고 생각했다.)
   O   O.C

8) Mr Lee saw <u>a UFO</u> <u>flying</u>. (이 씨는 UFO가 날아가는 것을 보았다.)
   O   O.C

9) They elected <u>Harris</u> <u>president</u>. (그들은 해리스를 회장으로 뽑았다.)
   O   O.C

2. 사역동사, 지각동사의 목적보어

〈기본기 다지기〉

1) Jason made <u>his son</u> <u>become a doctor</u>. (제이슨은 그의 아들이 의사가 되게 했다.)
   O   O.C

2) I have <u>my dog</u> <u>chase a ball</u>. (나는 내 개가 공을 쫓도록 시킨다.)
   O   O.C

3) Jennifer heard <u>a dog</u> <u>bark</u>. (제니퍼는 개가 짖는 소리를 들었다.)
   O   O.C

4) My friend, Jimmy helped <u>me</u> <u>repair my computer</u>. (내 친구 지미는 내가 컴퓨터 고치는
   O   O.C
   것을 도왔다.)

5) Maria saw <u>his boy friend</u> <u>walk in</u> Insa-dong. (마리아는 그의 남자친구가 인사동에서 걷
   O   O.C
   는 것을 보았다.)

6) Every Saturday my mom lets <u>me</u> <u>play computer games</u>. (매주 토요일에 엄마는 내가
   O   O.C
   컴퓨터 게임을 하도록 허락하신다.)

7) They felt <u>their house</u> <u>shaking</u>. (그들은 집이 흔들리는 것을 느꼈다.)
   O   O.C

8) She lent <u>me</u> <u>twenty dollars</u>. (그녀는 내게 20달러를 빌려 주었다.)
   O   O.C

9) The movie made <u>me</u> <u>sad</u>. (그 영화는 나를 슬프게 했다.)
   O   O.C

1) He heard his name called. (그는 그의 이름이 불리는 것을 들었다.)

    S   V   O   C

2) The gift made me happy. (그 선물이 나를 행복하게 했다.)

       S   V O C

3) Everyone calls him Captain Hook. (모두가 그를 후크 선장이라고 부른다.)

       S   V O   C

4) Her mother made her a famous musician. (그녀의 엄마는 그녀를 유명한 음악가로 만들었다.)

      S   V   O   C

5) The food made me ill. (그 음식이 나를 병들게 했다.)

      S   V O C

6) They painted the door blue. (그들은 문을 파란색으로 칠했다.)

      S   V   O   C

7) I believe him honest. (나는 그가 정직하다고 믿는다.)

   S   V   O   C

8) We elected her president. (우리는 그녀를 회장으로 뽑았다.)

      S   V   O   C

9) His father let him go abroad to study. (그의 아버지는 그가 해외로 공부하러 가도록 허락했다.)

      S   V O   C

1) I saw you playing.

2) She wants her shoes big.

3) Look at the burning building.

4) You make me happy.

5) Please~ Let me go home.

Today I went to the donut shop with my friend. Usually I like the donut shop dark. It was getting dark. We ordered. I like my choco milk strong. My friend doesn't want her tea too sweet. But the shopkeeper doesn't get me wrong. So I drank coke.

 ## Be 동사를 활용한 영작 I

1. Learning verb 'be' : be 동사 배우기

〈기본기 다지기〉

1) <u>You</u> <u>are</u> <u>sad</u>. (너는 슬프다.)
    S   V   C

2) <u>He</u> <u>is</u> <u>depressed</u>. (그는 우울하다.)
    S   V   C

3) <u>She</u> <u>is</u> <u>angry</u>. (그녀는 화가 난다.)
    S   V   C

4) <u>It</u> <u>is</u> <u>lonely</u>. (그분은 외롭다.)
    S V   C

5) <u>They</u> <u>are</u> <u>frustrated</u>. (그들은 낙심하였다.)
     S   V   C

6) <u>She and I</u> <u>are</u> <u>nervous</u>. (그녀와 나는 초조하다.)
       S   V   C

7) <u>I</u> <u>am</u> <u>a fire fighter</u>. (나는 소방관이다.)
   S V   C

8) <u>They</u> <u>are</u> <u>doctors</u>. (그들은 의사들이다.)
    S   V   C

9) <u>Min-hyung</u> <u>is</u> <u>an oriental medicine doctor</u>. (민형이는 한의사이다.)
      S   V   C

2. be 동사 심화

〈기본기 다지기〉

1) I   am not   Ji-ho. (나는 지호가 아니다.)
   S   V   C

2) I   am   smart. (나는 똑똑하다.)
   S V   C

3) Min-seo   is   my favorite friend. (민서는 내가 가장 좋아하는 친구이다.)
       S   V   C

4) Is   Min-seo   funny? (민서는 웃기니?)
   V   S   C

5) She   is   kind   and   people   like   her. (그녀는 친절해서 사람들이 그녀를 좋아한다.)
   S V C   S   V   O

6) There   are   a lot of trees and a small lake   in Hope's house.
         V   S

  (호프의 집에는 많은 나무와 작은 한 개의 호수가 있다.)

7) She   is   in the second year of middle school. (그녀는 중학교 2학년이다.)
   S V

8) Are   trees   in your house? (너의 집에 나무들이 있니?)
   V   S

9) Isn't   he   a doctor? (그는 의사가 아니니?)
   V   S   C

〈한 단계 더 나아가기〉

1) 내 친구 멜리나는 기분이 나쁘다. – 2형식

2) 그녀는 어제 밤에 아팠다. – 2형식

3) 탐과 나는 그녀의 건강을 걱정하고 있다. – 2형식

4) 나는 쓸쓸하다. – 2형식

5) 그들은 그 당시에 실망했다 .– 2형식

6) 우리는 긴장하고 있다. –2형식

7) 그는 우울하지 않다. – 2형식

8) 내 영어 선생님은 곧 교수가 될 것이다. – 2형식

9) 피터의 부모님은 그 때 집으로 돌아올 수 없었다. – 1형식

1) What do you want to be when you grow up?

2) Is she a nurse?

3) How much is this flower?

4) Was he a soccer player last year?

Today my mom punished me. Because I didn't do my homework and fought with my younger brother. I was depressed and felt very very bad. So I asked myself some questions.

Are you a good son? Are you a nice brother? Are you a sincere student?

All answers were "No". I was sad. Why am I a bad boy?

From now on I want to be a good boy.

 **Chapter 5** Be 동사를 활용한 영작 II

1. be 동사의 변신 - be 동사를 활용한 다양한 표현

〈기본기 다지기〉

1) <u>Jaime</u> <u>is</u> <u>Canadian</u>. −2형식
    s   v   c

2) <u>She</u> <u>is</u> <u>tall and thin</u>. −2형식
    s   v   c

3) <u>She</u> <u>is</u> <u>good</u> at math. −2형식
    s   v   c

4) <u>She</u> <u>is</u> <u>fond</u> of snowboarding. −2형식
    s   v   c

5) <u>She</u> <u>is able to play</u> <u>Gayagum</u>. −3형식
    s   v   o

6) <u>Jaime and her friends</u> <u>are going to swim</u> in the lake. −1형식
            s   v

7) <u>My sister</u> <u>is</u> <u>poor</u> at cooking. −2형식
  　　　 S 　　　 V 　 C

8) <u>Are</u> <u>they</u> able <u>to be</u> <u>counselors</u>? −2형식
  　　 V 　 S 　　　　 V 　　　 C

2. be 동사의 과거형, 진행형, 수동태 만들기

〈기본기 다지기〉

1) The car, <u>Honda</u> <u>was made</u> in Japan. −1형식
  　　　　　　 S 　　　　 V

2) <u>We</u> <u>weren't swimming</u> then. −1형식
  　 S 　　　 V

3) <u>Was</u> <u>he</u> <u>good</u> at speaking English? −2형식
  　 V 　 S 　 C

4) <u>Children</u> <u>were</u> <u>poor</u> at telling lies. −2형식
  　　 S 　　　 V 　 C

5) <u>Was</u> <u>your science book</u> on the sofa? −1형식
  　 V 　　　 S

6) <u>Are</u> <u>you</u> <u>fond</u> of chatting? −2형식
  　 V 　 S 　 C

7) Where <u>were</u> <u>my socks</u>? −1형식
  　　　 V 　　 S

8) <u>My music teacher</u> <u>is going to go</u> to Spain. −1형식
  　　　 S 　　　　　　 V

9) <u>These cups</u> <u>were broken</u> by him. −1형식
  　　 S 　　　　 V

10) <u>Our class</u> <u>will be taught</u> by her. −1형식
  　　 S 　　　　 V

218

〈한 단계 더 나아가기〉

1) 내 이름은 민형이다. -2형식

2) 내 눈과 머리 색은 짙은 갈색이다. -2형식

3) 수영은 내가 가장 좋아하는 운동이다. -2형식

4) 나는 플롯을 연주하는 데 능숙하다. -2형식

5) 내 남동생 성민이는 그리기를 좋아한다. -2형식

6) 그는 화가일지도 모른다. -2형식

7) 내 형과 나는 중국어를 말할 수 있다. -3형식

8) 나는 영화감독이 될 것이다. -2형식

9) 내 엄마와 아빠는 나를 자랑스러워한다. -2형식

10) 그녀의 지갑이 도둑에 의해서 도난당했다. -1형식

〈나도 영어로 일기쓸래〉

 1) I was at home at dawn.

2) I was busy yesterday, so I couldn't go to school.

3) Three apples were in thr basket.

> I saw an old friend in the mart. Suddenly I couldn't remember her name. She was pretty and kind. Sometimes she was prim. I liked her. But she didn't like me. When I saw her, she is still beautiful. But she is very fat. I was surprised but I didn't care. Anyway I couldn't say anything because.... I was shy. Oh! I remembered her name. She was Lisa. Lisa!
> Tonight I will dream about her.

 ## There is, There are를 활용한 영작

1. Learning 'there is, there are' 구문 배우기

〈기본기 다지기〉

1) There is   2) There is   3) There are   4) There is   5) There are   6) There are

7) There is   8) There is

2. There is, There are의 과거형

〈기본기 다지기〉

1) There <u>were</u> some birds on the trees.

2) There <u>was</u> a boy on the bench.

3) There <u>was</u> a slide in the playground.

4) There <u>was</u> a puppy under the slide.

5) There <u>were</u> two girls behind the bench.

6) There <u>wasn't</u> any money in my pocket.

7) There <u>weren't</u> people in the park.

〈한 단계 더 나아가기〉

1) Where were Jessica Alba's earings?

2) They weren't on the sofa.

3) Why is it there?

4) She slept on the sofa last night.

5) Where are her shoes?

6) They are next the sofa.

7) There is Jessica's watch under the table.

8) There wasn't Jessica's hair pin in the jewelry box.

9) There wasn't her bracelet, either.

10) But there was her ring on the floor.

〈나도 영어로 일기쓸래〉

 1) There is a pencil in the pocket.

2) There were so many children in the amusement park.

3) There is a lot of snow outside.

4) There were many people in the theater.

> I had a snowball fight in the afternoon. There was much snow. I was happy.
> Suddenly I found something strange. There was a wallet. I pulled out a small
> brown leather wallet. There were 5 dollars in there. I looked inside the wallet.
> There was a student ID card. There was a pretty girl's picture too. Maybe she
> must be a wallet's owner. Tomorrow I will find a wallet's owner.

 # Have 동사를 이용하여 영작하기 Ⅰ

1. Learning verb 'have' : 'have' 동사 배우기

〈기본기 다지기〉

1) I have five sisters. 나는 다섯명의 여자 형제가 있다.
   S   V   O

2) I have good eyesight. 나는 시력이 좋다. (나는 좋은 시력을 가지고 있다.)
   S   V   O

3) We have no school tomorrow. 내일은 학교가 쉰다. (우리는 내일 수업이 없다.)
    S   V   O

4) I have no aunt. 나에게는 이모가 없다.
   S   V   O

5) They have a monthly meeting. 그들은 월례 회의를 한다.
     S   V   O

6) Jack and Jill have pizza at fancy restaurant. 잭과 질은 고급 레스토랑에서 피자를 먹는다.
      S   V   O

7) I have no idea. 전혀 모르겠다.
　　S　V　　　O

8) My son has a fever. 내 아들은 열이 있다.
　　　S　　V　　O

9) He has a PMP Player. 그는 PMP 플레이어를 가지고 있다.
　S　V　　　O

2. have의 과거형, 부정문, 의문문

〈기본기 다지기〉

1) I had a sweater on.
　S　V　　O

2) Did you usually have breakfast?
　V(조동사) S　　　　V　　O

3) Let 's have some coffee.
　V　O　　　OC

> **해설** Let's 는 Let us의 줄임말 – us는 목적어
> have some coffee 는 목적보어

4) Did you have cookies here?
　V　S　V　　O

5) He didn't do his homework yesterday.
　S　　V　　　O

6) My baby didn't have a sore throat last night.
　　　S　　　V　　　O

7) I have some money.
　S　V　　O

8) Does he have a CD player?
　V　S　V　　O

9) You didn't have a musical talent.
　S　　V　　　O

〈한 단계 더 나아가기〉

1) Does he have something to tell me? (그가 내게 말 할 것이 있니?)
　V　S　V　　　O

222

2) I have sufficient information. (나는 충분한 정보를 가지고 있다.)
   S V   O

3) Do you have the time? (너는 시간을 가지고 있니? = 몇 시니?)
   V   S   V   O

4) You had normal vision. (너는 시력이 정상이구나.)
    S   V   O

5) I don't have anything on tonight. (난 오늘밤에 아무 것도 없다.)
  S   V   O

6) His father has an eye trouble. (그의 아버지는 눈이 아프다.)
     S   V   O

7) Last night she had a lot of pizza. (어젯밤에 그녀는 많은 피자를 먹었다.)
          S   V   O

8) My cousin has a dream to be an ambassador. (나의 사촌은 외교관이 되려는 꿈을 가지고 있다.)
      S   V O

9) He had no complaints. (그는 불만이 없다.)
   S   V   O

〈나도 영어로 일기쓸래〉

 1) Does she have much money?

  2) I have three puppies.

  3) Where did he have dinner?

Today I thought about "my belongings". When I was young I was very greedy. so I want to have other's things. For example "I have a small eraser. My friend, Jin-ho has a big eraser. I want to have a big one. I have a little milk in my cup. my brother has much milk. I want some more milk. I am short. my brother is long." like this.... Why did I think such that? Now I am very generous. From now on I will give everyone my things. My homework, my duties.. Hahaha

Chapter 8. Have 동사를 이용하여 영작하기 II

1. 제 5형식의 'have' : ~을 시키다 – 목적어가 능동인 경우

〈기본기 다지기〉

1) <u>He</u> <u>had</u> <u>me</u> <u>clean my room</u>. (그는 나에게 내 방을 청소하라고 시켰다.)
　 S 　 V 　 O 　　 O.C

2) <u>He</u> <u>got</u> <u>me</u> <u>to clean my room</u>. (그는 나에게 내 방을 청소하라고 시켰다.)
　 S 　 V 　 O 　　 O.C

3) <u>I</u> <u>had</u> <u>my sister</u> <u>carry the box</u>. (나는 내 여동생이 상자를 옮기도록 시켰다.)
　 S 　 V 　　 O 　　　　 O.C

4) <u>My friend's brother</u> <u>has</u> <u>my friend</u> <u>wash bathroom</u>. (내 친구의 오빠는 내 친구가 욕실을
　　　 S 　　　　　 V 　　 O 　　　　 O.C 　　　 청소하도록 시킨다.)

5) <u>She</u> never <u>has</u> <u>her children</u> <u>study</u>. (그녀는 그녀의 아이들이 절대 공부를 하지 않도록 한다.)
　 S 　　　　 V 　　 O 　　　 O.C

6) <u>Did</u> <u>he</u> <u>have</u> <u>his wife</u> <u>make dinner</u>? (그는 그의 부인이 저녁을 만들게 했나요?)
　 V 　 S 　 V 　　 O 　　　 O.C

7) <u>Jaime</u> <u>has</u> <u>the man</u> <u>fix her refrigerator</u>. (제이미는 그 남자가 그녀의 냉장고를
　　 S 　 V 　　 O 　　　　 O.C 　　　　 수리하도록 시킨다.)

8) <u>Jaime</u> <u>gets</u> <u>the man</u> <u>to fix her refrigerator</u>.(제이미는 그 남자가 그녀의 냉장고를
　　 S 　 V 　　 O 　　　　 O.C 　　　　 수리하도록 시킨다.)

9) <u>You</u> <u>didn't have to have</u> <u>Tommy</u> <u>read the story book</u>. (너는 토미가 그 이야기책을 읽도록
　 S 　　　　 V 　　　　 O 　　　　 O.C 　　　　 시킬 필요가 없었다.)

2. 목적보어가 수동인 경우

〈기본기 다지기〉

1) <u>She</u> <u>had</u> <u>her hair</u> <u>cut</u>. (그녀는 머리카락이 잘리도록 했다.=그녀는 머리를 잘랐다.)
　 S 　 V 　　 O 　　 O.C

2) <u>She</u> <u>got</u> <u>her hair</u> <u>to be cut</u>. (그녀는 머리카락이 잘리도록 했다.=그녀는 머리를 잘랐다.)
　 S 　 V 　　 O 　　 O.C

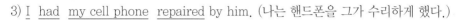

3) I had my cell phone repaired by him. (나는 핸드폰을 그가 수리하게 했다.)
  S   V   O   O.C

4) I got the roof to be fixed by Jason. (나는 제이슨이 지붕을 수리하도록 했다.)
  S   V   O   O.C

5) He got his mp3player to be repaired. (그는 mp3 플레이어가 수리되도록 했다.)
   S   V   O   O.C

6) My aunt had my computer repaired by him. (내 이모는 내 컴퓨터를 그에게 수리시켰다.)
     S   V   O   O.C

7) They had their baggages stolen in the airport. (그들은 공항에서 가방을 도난 당했다.)
    S   V   O   O.C

8) Miss Browse has her gown washed by her mom everyday.
       S   V   O   O.C (브라우즈 선생님은 가운을 엄마에 의해 세탁되도록 한다.)

9) We didn't have them cook dinner. (우리는 그들이 저녁을 하도록 시키지 않았다.)
   S   V   O   O.C

〈한 단계 더 나아가기〉

1) hand in   2) handed in   3) wash   4) washed   5) catch

6) caught   7) to carry   8) to be carried 9) gets   10) got

〈나도 영어로 일기쓸래〉

 1) My father had my hair cut.

2) I had my cat get cheese.

3) Let me go home.

4) My mother has me clean the room all the time.

Today my mother went to the U.S.A. My grandparents live there. 1 month later my mom wil come back. From now on I am free. But my mom wants to changing me while she is gone. She always said "go and have your hair cut, have your hair dyed and have your teeth treated". I will do everything. But I don't want to go to the dentist. What should I do?

Want, Would like 동사를 이용하여 영작하기

1. want와 would like를 사용한 3형식 문장

〈기본기 다지기〉

1) They want to see her very much. (그들은 그녀를 보기를 매우 원한다.)
    S   V   O

2) I want a real holiday. (나는 진정한 휴가를 원한다.)
   S V   O

3) You want to book a double room for two nights.(나는 이틀밤을 위해 더블룸을 예약하기를 원한다.)
   S   V   O

4) He wants a doll as a present for my sister.(그는 내 여동생을 위해 선물로 인형을 원한다.)
   S   V   O

5) She wants two sugars in her coffee. (그녀는 커피에 설탕 두 개를 원한다.)
   S   V   O

6) We want to wear the white dresses. (우리는 하얀 드레스를 입기 원한다.)
    S   V   O

7) I want to hear all your news. (나는 너의 모든 소식을 듣기를 원한다.)
   S V   O

8) He and I want to sell the house. (그와 나는 그 집을 팔기를 원한다.)
     S   V   O

9) I want a house with a nice view. (나는 전망이 좋은 집을 원한다.)
   S V   O

2. want와 would like를 사용한 5형식 문장

〈기본기 다지기〉

1) I want you to thank him. (나는 네가 그에게 감사하기를 바란다.)
   S V   O   O.C.

2) I want it typed right away, please. (나는 그것이 지금 당장 타이핑쳐지기를 원한다.)
   S V   O O.C.

3) I would like you to tidy the kitchen. (나는 네가 주방을 정리하기를 바란다.)
　　S　　　V　　　O　　　　O.C.

4) I want her to keep learning the violin but her heart's not in it.
　　S　V　O　　　O.C. (나는 그녀가 바이올린을 계속 배우기를 원하나 그녀가 원하지 않는다.)

5) I want you to go at once. (나는 네가 당장 가기를 원한다.)
　　S　V　O　　O.C.

6) I would like this work finished without delay. (나는 이 일이 지체없이 끝나지기를 원한다.)
　　S　　V　　　O　　　　O.C.

7) We want you for our team. (우리는 우리 팀을 위해 너를 원한다.)
　　S　　V　　O

8) I want everything ready by tomorrow. (나는 모든 것이 내일까지 준비되기를 원한다.)
　　S　V　　O　　　　O.C.

9) They want us to finish the job in two weeks. (그들은 우리가 그 일을 2주 내에 끝내기를 원한다.)
　　S　　V　O　　　O.C.

〈한 단계 더 나아가기〉

1) I want to become a pilot. (나는 비행기 조종사가 되기를 원한다.)
　　S　V　　　　O

2) I want to live elsewhere. (나는 다른 곳에서 살기를 원한다.)
　　S　V　　　　O

3) We want our team to win. (나는 우리 팀이 이기기를 원한다.)
　　S　　V　　O　　　O.C.

4) I want to have a dog. (나는 개를 갖기를 원한다.)
　　S　V　　　　O

5) I don't want to go on working here. (나는 여기서 계속 일하기를 원치 않는다.)
　　S　　V　　　　　O

6) Do you want ketchup on your hamburger? (너는 햄버거에 케첩을 원하니?)
　　V　S　V　　O

7) If you want to camp in this field you must ask the farmer's permission.
　　　　S　　V　　　O　　(네가 이 지역에서 야영하기를 원하면 농부의 허가를 받아야한다.)

8) Do you want to walk or ride? (너는 걷거나 타기를 원하니?)
　　V　S　V　　　O

9) I <u>want</u> <u>it</u> <u>(to be) done</u> as quickly as possible. (나는 그것이 가능한 빨리 되기를 원한다.)
   S   V   O   O.C.

〈나도 영어로 일기쓸래〉

 1) Do you want some milk?

   2) She wants to have toys.

 Tomorrow is a vacation. It was so excited. Few minutes ago, my mom came to my room with a paper. That's mom's homework. Mom asked me "What do you want to do in your vacation? And write down what you want to do." So I wrote....

1. I want to play all day long. 2. I want to play computer games. 3. I want to make a model robot. 4. I want to go skiing. 5. I want to go to ski camp. but my mom was not glad. I think that mom wants to do other things. mom asked again. "Do you want to study English?" I said "NO"

Mom went out of my room without saying. Maybe she was angry. What's wrong? I just said I want to do in my vacation. I don't know. What should I do?

Chapter 10 Love 와 Like 동사로 쓰기

1. 목적어가 명사나 대명사인 경우

〈기본기 다지기〉

1) <u>I</u> <u>love</u> <u>him</u> dearly. (나는 그를 매우 사랑한다.)
   S   V   O

2) <u>I</u> <u>love</u> <u>the country</u>, especially in spring. (나는 특히 봄이 되면 시골이 좋다.)
   S   V   O

3) <u>I</u> <u>love</u> <u>my dad</u>. (나는 아빠를 사랑한다.)
   S   V   O

4) <u>I</u> <u>like</u> <u>it</u>, too. (나도 그걸 좋아해요.)
   S   V   O

5) People should love one's parents. (사람은 부모님을 사랑해야만 한다.)
     S   V   O

6) We like most students. (우리는 대부분의 학생들을 좋아한다.)
    S   V   O

7) His girl friend didn't love pets. (그의 여자 친구는 애완동물을 좋아하지 않았다.)
        S   V   O

8) Do you like summer? (여름을 좋아하니?)
   S V   O

9) Did he love winter? (그는 겨울을 좋아했었니?)
   S   V   O

2. 목적어가 부정사구, 동명사구인 경우

〈기본기 다지기〉

1) Students, want

2) likes

3) love, to

4) don't, like

5) want, to, appreciate, him

6) loves, to, clean

7) 그의 딸은 조종사가 되기를 원한다. – 3형식

8) 아이들은 분장하기를 좋아한다. – 3형식

9) 그녀는 일하는 것을 무척 좋아한다. – 3형식

〈한 단계 더 나아가기〉

1) I love your laptop. (당신 노트북 정말 마음에 들어요.)
  S V   O

2) Every one loves God. (모든 사람은 신을 사랑하다.)
     S   V   O

3) I like to feel brotherly love. (나는 형제애를 느끼고 싶다.)
  S V   O

4) I like watching the gardening programmes on television.
  S V   O   (나는 텔레비전에서 하는 원예 프로그램 시청을 좋아한다.)

5) <u>We</u> <u>like</u> <u>our friends</u> to be honest. (우리는 우리의 친구들이 정직하기를 바란다.)
     S   V   O

6) <u>I</u> <u>like</u> <u>mushrooms</u> but unfortunately <u>they</u> <u>don't agree</u> with me.
   S V   O   (나는 버섯을 좋아하지만 불행히도 먹으면 탈이 난다.)

7) <u>I</u> <u>like</u> <u>my steak</u> <u>well done</u>. (스테이크는 바싹 구워 주십시오.)
   S V   O

8) <u>Children</u> <u>like</u> <u>"The Adventures of Tom Sawyer"</u>. (아이들은 "톰 소여의 모험"을 좋아한다.)
     S   V   O

9) <u>I</u> <u>like</u> <u>to play tennis</u> regularly, just to keep my hand in.
   S V   O   (나는 그냥 실력을 유지하기 위해 정기적으로 테니스 치는 것을 좋아한다.)

〈나도 영어로 일기쓸래〉

 1) Do you like playing basketball?

2) We love each other.

3) Does she like a horror movie?

Last night I had a dream. In my dream I was a dwarf. I met The Snow White. I fell in love with her. I liked her. She has lovely eyes like a lake. I loved her. She has a kind heart. So I talked to her "I want to be your boy friend". But she said "I have my lover, he is my boy friend". I was very sad. But I will love forever even I am a dwarf. When I wake up I was crying. I was surprised. In my dream I really loved her.

Chapter 11   Make 동사를 이용하여 영작하기 I

1. make가 1형식, 2형식으로 쓰일 때

〈기본기 다지기〉

1) The ship made for the open sea. (그 배는 열린 바다를 향해 출발했다.)
    S   V

2) Ten and five make fifteen. (10 더하기 5는 15가 된다.)
      S   V   C

3) He will make a good lawyer. (그는 훌륭한 변호사가 될거야.)
   S   V   C

4) We made the station just in time. (우리는 제시간에 역에 도착했다.)
   S   V   O

5) Two added to three makes five. (2에 3이 더해지면 5가 된다.)
          S   V

6) We make like a clown. (우리는 광대와 같다.)
   S   V

7) You should try to make up to your boss. (너는 상사의 기분을 맞추도록 노력해야 한다.)
   S   V

8) I am not made that way. (나는 그런 인간이 아니다.)
  S   V

9) Sixty seconds make one minute. (60초는 1분이 된다.)
      S   V   C

2. make가 3형식, 4형식으로 쓰일 때

〈기본기 다지기〉

1) We gathered some brushwood to make a fire. (우리는 불을 지피기 위해 나뭇가지를 모았다.)
   S   V   O

2) Don't make a noise in the classroom. (교실에서 소란을 피우지 마라.)
      V   O

3) The road makes a curve to the right. (그 도로는 오른쪽으로 굽어 있다.)
       S   V   O

4) He made a speech. (그는 연설을 한다.)
    S   V   O

5) You can always make more money. (너는 항상 더 많은 돈을 벌 수 있다.)
    S   V   V   O

6) Susan didn't make her daughter a paper plane.
    S   V   I.O.(간목)   D.O.(직목)
   (수잔은 딸에게 종이비행기를 만들어 주지 않았다.)

7) The river makes a bend. (강이 굽어진다(=굽어짐을 만든다).)
     S   V   O

8) The gentleman made me a seat. (그 신사는 내게 자리를 만들어 주었다.)
      S   V   I.O   D.O.

9) We must make a decision by tomorrow. (우리는 내일까지 결정해야 한다.)
    S   V   O

〈한 단계 더 나아가기〉

1) 그녀는 나무로 테이블을 만들었다. – 3형식

2) 나는 내일의 계획[예정]을 세운다. – 3형식

3) 그는 상처났다. – 3형식

4) 그들은 불을 피울 것이다. – 3형식

5) 우리는 학교에서 좋은 성적을 얻을 수 있다. – 3형식

6) 그 소년들은 법석을 떤다. – 3형식

7) 우리는 내일 모임을 준비하는게 좋겠다. – 2형식

8) 너는 허비한 시간을 보충해야만 한다. – 3형식

9) 그들은 그 때 집으로 갈 수 있었다. – 1형식

10) 너의 누나는 나에게 샌드위치를 만들어줄까? – 4형식

〈나도 영어로 일기쓸래〉

1) Your father made a desk for you.

2) Baby makes a noise every night.

3) My mom made dinner.

4) I made a novel 5 years ago.

Today was a parents' day. I gave thanks to my parents. Because they made me into a nice boy. But I didn't save money. I felt sorry for that. I couldn't make a small present. I made a fool of myself so far. I didn't save money. I regret that I didn't make money. "Mom and dad I am sorry!" When I grow up, I will make a lot of money. I will buy them a nice boat. And I will make them a beautiful house. I will grow into a nice man.

Chapter 12 Make 동사를 이용하여 영작하기 II

1. make가 '~를 시키다, 하게 하다'의 뜻일 때 나홀로 영작을 위한 예문

〈기본기 다지기〉

1) We made them wait. (우리는 그들을 기다리게 했다.)
   S   V   O   O.C.

2) The news made us happy. (그 소식은 우리를 행복하게 만들었다.)
       S   V   O   O.C.

3) The rough sea made them seasick. (거친 바다는 그들을 멀미나게 했다.)
       S   V   O   O.C.

4) Your problems make mine seen unimportant. (너의 문제는 내 것이 중요하지 않아
       S   V   O   O.C.   보이게 만드는 거야.)

5) She could not make herself understood. (그녀는 그녀 자신을 이해시킬 수 없었다.)
   S   V   O   O.C.

6) They made us wait. (그들은 우리를 기다리게 했다.)
    S   V   O   O

7) He couldn't make it a rule to go to bed early. (그는 일찍 자는 것을 규칙으로 할 수 없었다.)
  S   V   O   O.C.

8) Tony made his position clear. (토니는 그의 위치를 분명히 했다.)
    S   V   O   O.C.

9) We can't make ourselves understood. (우리는 우리 자신을 이해시킬 수 없었다.)
  S   V   O   O.C.

2. make : 4형식과 5형식의 구별

〈기본기 다지기〉

1) <u>David's family</u> <u>makes</u> <u>him</u> <u>a fireengine</u>. − 4형식
        S   V   I.O.   D.O.
(데이비드 가족은 그에게 소방차를 만들어 준다.)

2) <u>David's family</u> <u>doesn't make</u> <u>him</u> <u>a firefighter</u>. − 5형식
        S   V   O   O.C.
(데이비드 가족은 그를 소방관으로 만들지 않는다.)

3) <u>His father</u> <u>wanted</u> <u>to make him</u> <u>a pilot</u>. − 5형식
        S   V   O   O.C.
(그의 아버지는 그를 파일럿으로 만들기를 원했다.)

4) <u>His father</u> <u>didn't make</u> <u>him</u> <u>a model airplane</u>. − 4형식
        S   V   I.O.   D.O.
(그의 아버지는 그에게 모형 비행기를 만들어주지 않았다.)

5) <u>His mother</u> <u>would like to make</u> <u>him</u> <u>Buchimgae</u>. − 4형식
        S   V   I.O.   D.O.
(그의 어머니는 그에게 부침개 만들어 주기를 좋아한다.)

6) <u>His mother</u> <u>wouldn't like</u> <u>him</u> <u>a cook</u>. − 5형식
        S   V   O   O.C.
(그의 어머니는 그가 요리사가 되는 것이 싫었다.)

7) <u>Is</u> <u>his brother</u> <u>able to make</u> <u>him</u> <u>angry</u>? − 5형식
  V   S   V   O   O.C.
(그의 남동생이 그를 화나게 만들 수 있나요?)

8) <u>His brother</u> <u>can't make</u> <u>him</u> <u>a paper flower</u>. − 4형식
        S   V   I.O.   D.O.
(그의 남동생은 그에게 종이꽃을 만들어 줄 수 없다.)

9) <u>David's brother</u> <u>will make</u> <u>him</u> <u>a puzzle</u>. − 4형식
        S   V   I.O.   D.O.
(데이비드의 남동생은 그에게 퍼즐을 만들어 줄 것이다.)

1) He made up his mind to go to sea. (그는 바다로 가기로 결심했다.)
   S   V   O

2) Oxygen and hydrogen make water. (산소와 수소로 물이 형성된다.)
              S   V   C

3) One hundred cents make one dollar. (백센트는 1달러가 된다.)
         S   V   O

4) Make yourself at home, please. (편히 쉬십시오.)
   V   O

5) She wants to make friends with Sarah. (그녀는 사라와 친구가 되기를 원한다.)
  S   V   O

6) He is trying to make a note of the class. (그는 그 수업 필기를 하려고 노력중이다.)
  S   V   O

7) What do you make of their offer? (그들의 제안을 어떻게 생각하십니까?)
      V S   V   O

8) He made me his deputy. (그는 나를 자기 대리인으로 삼았다.)
  S   V   O   O.C.

9) We have to make the most of opportunities. (우리는 대부분의 기회를 만들어야 한다.)
  S   V   O

10) They made a fool of her. (그들은 그녀를 조롱했다.)
    S   V   O

〈나도 영어로 일기쓸래〉

1) I made him a new suit.

2) She makes me happy.

3) He will be a good friend for them.

4) Will you make pizza for me?

Sometimes jinsu makes me angry. I don't like milk very much. When I go jinsu's home, he gives me milk. I was made to drink. I really don't like. And he makes me milkshake. I am allergic to milk. But he doesn't know that.
When he grows up, he will be a good husband. He will make his wife very healthy food. I hope that jinsu will make me healthy food. Not milk.

 ## Take 동사를 이용하여 영작하기

1. take가 1형식, 3형식으로 쓰일 때

〈기본기 다지기〉

1) She　took　a deep breath. (그녀는 깊은 숨을 쉬었다.)
　　S　　V　　　O

2) He　took　a nap after lunch. (그는 점심 후에 낮잠을 잤다.)
　　S　　V　　　O

3) She　took　her daughter for a walk. (그녀는 그녀의 딸을 산책하러 데리고 갔다.)
　　S　　V　　　　O

4) She　took　the money to the bank. (그녀는 돈을 은행에 넣었다.)
　　S　　V　　　O

5) People　take to the streets. (사람들이 거리로 나섰다.)
　　　S　　　V

6) All right. Please take　a seat everyone. (좋아요, 여러분 앉으세요.)
　　　　　　　　　　V　　　O

7) Seong-min　took　medicine for a cold. (성민은 감기 때문에 약을 먹었다.)
　　　S　　　　V　　　O

8) I　took　the books off the shelf. (나는 선반에서 책들을 꺼냈다.)
　　S　V　　O

9) They　took　the chairs back up to the attic. (그들은 의자를 다락에 도로 갖다 놓았다.)
　　　S　　V　　　O

2. take가 5형식+기타 등으로 쓰일 때

〈기본기 다지기〉

1) She　takes　a brief this time. (그녀는 이번에 소송사건을 맡는다.)
　　S　　V　　　O

2) I　take　a car. (나는 차를 가지고 간다.)
　　S　　V　　O

3) They took a subway to go to London. (그들은 런던으로 가기 위해 전철을 탔다.)
    S   V   O

4) Min-hyung took all the facts into account. (민형이는 모든 사실을 고려했다.)
        S   V   O

5) Malena will take Jay's love. (멜리나는 제이의 사랑을 받아들일 것이다.)
    S   V   O

6) My aunt takes me as a her daughter. (내 이모는 나를 그녀의 딸로 여긴다.)
    S   V O

7) Take a drug by injection. (주사로 약을 맞아라.)
   V   O

8) Let's take a rest on that hillside. (저 언덕에서 쉬자.)
   S V   O

9) Be sure to take hold of it as tight as you can. (네가 할 수 있는 한 단단히 잡고 있어라.)
   V C

〈한 단계 더 나아가기〉

1) Take off your old shoes. (너의 낡은 신발은 벗어라.)
    V   O

2) My group members took to the lifeboats. (내 그룹 회원들이 구조선으로 갔다.)
        S   V   O

3) I took out ten dollars from my purse. (나는 지갑에서 10달러를 꺼냈다.)
  S   V   O

4) Do you take me for a fool? (너는 나를 바보로 여기느냐?)
  V   S   V O

5) He took to his bed. (그는 침대로 갔다.)
  S   V   O

6) They took up the chairs from the basement. (그들은 지하실에서 의자들을 가지고 왔다.)
  S   V   O

7) They took the prisoner into custody. (그들은 죄수를 구치소로 데리고 갔다.)
  S   V   O

8) Can't you take out this blot? (네가 이 얼룩을 뺄 수 없니?)
  V   S   V   O

9) <u>He</u> <u>takes after</u> <u>his father.</u> (그는 아버지를 닮았다.)
   S   V   O

10) <u>He</u> <u>took</u> <u>it</u> into account. (그는 그것을 고려했다.)
     S   V O

〈나도 영어로 일기쓸래〉

 1) She takes a taxi.

2) How long does it take from here to there?

3) He took a test.

4) They took a bath in the public bathroom.

At last I came to Paris. Since when I was young, I wanted to see the Eiffel tower. But when I arrived at the airport I didn't know that how to go to Paris. In addition, I couldn't speak French well. Anyway I took the subway. I asked "How long does it take from here to get there?" One of kind French said "It takes about 3 hours by subway" It was too far. Fortunately I got to Paris peacefully. There was a beautiful Eiffel tower in front of me. It was fantastic.

 **Chapter 14** Get 동사를 이용하여 영작하기 Ⅰ

1. get이 1형식, 2형식으로 쓰일 때

〈기본기 다지기〉

1) <u>Call</u> <u>me</u> when you get home. (집에 도착하면 내게 전화해 줘.)
   V   O

2) <u>Don't get</u> <u>drunk.</u> (취하지 마라.)
     V   C

3) <u>I'</u><u>ll get back</u> to you. (당신에게 돌아오겠다.)
   S   V

4) I got anxious about your behaviors. (나는 너의 행동이 걱정이 되었다.)
   S   V   C

5) They got loose. (그들이 탈주했다.)
     S   V   C

6) You can get over your hardships. (너는 어려움을 극복할 수 있다.)
    S   V   O

7) We got married over thirty years ago. (우리는 결혼한 지 30년이 넘는다.)
    S   V   C

8) They got hurt. (그들은 부상당했다.)
     S   V   C

9) My dad will get angry. (아빠는 화내실 거야.)
     S   V   C

2. get이 3형식으로 쓰일 때

〈기본기 다지기〉

1) He got it. (그는 이해했다.)
   S   V O

2) Sylvia is getting rid of stain from her shirt. (실비아는 셔츠에서 얼룩을 제거하고 있다.)
   S   V   O

3) We can get off a train next station. (우리는 다음 역에서 열차에서 내릴 수 있다.)
   S   V   O

4) She would get on the bus then. (그녀는 그때 버스를 탔을 것이다.)
   S   V   O

5) Our team could get across a bridge together. (우리팀은 함께 다리를 건널 수 있었다.)
    S   V   O

6) You didn't get his word. (너는 그의 말을 이해하지 못했다.)
    S   V   O

7) Has she got[gotten] over the shock? (그녀가 그 충격에서 회복되었습니까?)
    V   S   V   O

8) They should get some green tea from the cella. (그들은 창고에서 녹차를 가져와야 한다.)
   S   V   O

9) My neighbor sometimes gets on my nerves. (내 이웃이 가끔 내 신경을 건드린다.)
       S   V   O

<한 단계 더 나아가기>

1) 나는 창문을 통해 책상을 운반해야 한다. - 3형식

2) 너는 담요의 얼룩을 제거하는 중이니? - 3형식

3) 헬렌켈러의 전기문은 내 모든 인생에 영향을 주었다. - 3형식

4) 그의 말이 말썽이 될 것이다. - 3형식

5) 우리는 여기서 단 한조각의 빵도 먹지 못할지도 모른다. - 3형식

6) 내가 지금 집에 가도 되니? - 1형식

7) 우리는 새 일에 익숙해질 수 있다. - 3형식

8) 그들은 지난 토요일에 비행기를 타야만 했었다. - 3형식

9) 내 가족은 출발 준비를 하고 있는 중이다. - 2형식

10) 우린 그냥 잘 지낸다. - 1형식

<나도 영어로 일기쓸래>

 1) Get on the train at 9 :00.

2) I got to the restaurant.

3) She got a doll as a Christmas gift.

4) Did you get a good job?

From now on, I have to exercise. I have to lose weight, I have to be healthy.

But, the day is getting shorter so it is very hard to jog at dawn.

My feeling will get better and I won't get a cold.

I imagined that I am getting thinner...

Next summer, I will get across the bridge by train.

I will get to the county.

Chapter 15 Get 동사를 이용하여 영작하기 II

1. get이 4형식, 5형식으로 쓰일 때

〈기본기 다지기〉

1) I must get my hair cut. (이발을 해야겠다.)
   S   V   O   C

2) We got the poor children our bread. (우리는 그 불쌍한 아이들에게 빵을 주었다.)
   S   V   I.O   D.O

3) Don't get me wrong. (나를 오해하지 마시오.)
        V   O   C

4) He 'll get you a highball. (그는 당신에게 하이볼을 가져올 것이다.)
   S   V   I.O   D.O

5) The chief can't get everything ready. (만반의 준비를 갖추지 못했다.)
        S   V   O   C

6) She had to get her hands dirty to pick up trash.
                              (그녀는 쓰레기를 줍느라 손이 더러워졌다.)
    S   V   O   C

7) I got him to prepare for our journey. (나는 그가 우리의 여행을 준비하도록 시켰다.)
   S   V   O   C

8) I 'll get the work finished by noon. (정오까지 일을 해치울 작정이다.)
   S   V   O   C

9) Get me that book. (저 책 좀 집어 다오.)
    V   I.O   D.O

10) My sister got me some money. (나의 언니는 나에게 약간의 돈을 주었다.)
        S   V   I.O   D.O

2. get을 이용한 유용한 표현들

〈기본기 다지기〉

1)	get cutting	우리 팀은 일을 시작해야 한다.
		Our team have to get cutting work.
2)	get on for	Brown씨 부부 나이는 60에 가까워진다.
		Mr. and Mrs. Brown gets on for 60.
3)	get the message	나는 그의 속셈을 모르겠다.
		I don't get his message.
4)	get in on	내 친구는 나의 비밀을 알고 있다.
		My friend gets in on my secret.
5)	get entangled with[or in]	그 범죄자는 그 탐정의 함정에 걸렸다.
		The criminal got entangled with a trap.
6)	get nicely left	Steffany의 아버지는 그녀에게 감쪽같이 속아 넘어 갔다.
		Steffany's dad got nicely left by her.
7)	get into the hang of	그는 그 기계를 작동하는 법을 잘 터득할 수 있었다.
		He could get into the hang of the method of operating the machine.
8)	get bogged down with [in]	그들은 늪에 빠졌다.
		They got bogged down in the swamp.
9)	get accustomed to doing	나는 아침에 일찍 일어나는 데 익숙하다.
		I get accustomed to getting up early in the morning.
10)	get oneself into debt	그 남자는 빚을 졌다.
		The man got himself into debt.
11)	get converted	그녀는 기독교로 개종했다.
		She got converted to Christianity.
12)	get mashed on	내 형은 그 가수에게 반했다.
		My big brother got mashed on the singer.

〈한 단계 더 나아가기〉

1) 자, 톰, 화내지 말게. 침착하게나. — 2형식

2) 이 나라의 기후는 점점 더워지고 있다. — 2형식

3) 너는 어젯밤에 차를 타고 가지 않았다. — 1형식

4) 그는 언제 출감했습니까? - 1형식

5) 그는 일찍 일어나기로 결심하였다. - 1형식

6) 그러세요, 타요. 나도 그쪽으로 가는 길이에요. - 1형식

7) 그들은 늪에 빠졌다. - 2형식

8) 그녀는 일에 착수해야만 한다. - 1형식

9) 내 삼촌은 아주 적은 수입으로 그럭저럭 살아간다. - 1형식

10) 추격자로부터 도망칠 수 있니? - 1형식

〈나도 영어로 일기쓸래〉

 1) I got my arm broken.

2) Get a drink for Jhon.

3) Get your hair cut.

> Last night I had a dream. I was a prince.
>
> I wanted to get married. They got to my castle to marry me. I was very glad.
>
> They were cute and beautiful. I got them started on dancing and singing.
>
> They did very well. They got through as my bride.
>
> I wanted to get along with them. But....
>
> As soon as they saw my face, they got away. Oh! My god!!

 **Chapter 16** ## Give 동사를 이용하여 영작하기

1. give가 1형식, 3형식으로 쓰일 때

〈기본기 다지기〉

1) <u>Cows</u> <u>give</u> <u>milk</u>. (소에서 우유가 나온다.)
      S   V   O

2) <u>They</u> <u>gave</u> <u>him</u> away to the police. (그들은 그를 경찰에 넘겨주었다.)
      S   V   O

3) My teacher used to give a quotation from the Bible. (내 선생님은 성서에서 인용한다.)
       S   V   O

4) She didn't give a discount on all purchases. (그녀는 모든 구매에 할인해 주지 않았다.)
   S   V   O

5) The king gave in under compulsion. (그 왕은 강요에 의해 굴복했다.)
    S   V

6) When it is hot, the brain tells the body to give off heat.
                  S   V   O   O.C.

  (더울 때 뇌는 몸에게 열을 내보내라고 말한다(지시한다).)

7) The rain will soon give over. (비는 곧 멎을 거야.)
    S   V   V

8) These days beautiful women give the weather forecast.
               S   V   O

  (요즘에는 아름다운 여자들이 일기 예보를 전한다.)

9) Give me the answer. (답을 말해주세요.)
   V I.O.   D.O.

2. give가 4형식으로 쓰일 때

〈기본기 다지기〉

1) Give me a hand with this table, please. (이 탁자 좀 같이 들어 주세요.)
   V I.O.   D.O.

2) Give me a chance to breathe. (좀 쉬도록 해주십시오.)
   V I.O.   D.O.

3) She gave her daughter a set of cups. (그녀는 딸에게 컵 세트를 주었다.)
   S   V   I.O.   D.O.

4) She may even give him less attention. (그녀는 심지어 전보다 덜 그에게 관심을 가질지도 모른다.)
   S   V   I.O.   D.O.

5) Give them our love. (그들에게 우리 안부 전해 줘.)
   V I.O.   D.O.

6) They gave us directions to the palace. (그들이 우리에게 궁전으로 가는 길을 안내해 주었다.)
   S   V I.O.   D.O.

7) They usually <u>give</u> <u>the soup</u> a <u>stir</u> before eating it. (먹기 전에 수프를 저어라.)
     S   V   I.O.   D.O.

8) <u>She</u> <u>gave</u> <u>the matter</u> <u>her undivided attention</u>. (그녀는 그 문제에 전심전력을 기울였다.)
     S   V   I.O.   D.O.

9) <u>My sister</u> <u>is going to give</u> <u>her boyfriend</u> <u>the ticket</u> quite willingly.
       S   V   I.O.   D.O.

   (내 언니는 아주 기꺼이 그 입장권을 남자 친구에게 주었다.)

〈한 단계 더 나아가기〉

1) 물 한 잔 주세요. – 4형식

2) 부싯돌에서 불꽃이 튄다. – 3형식

3) 아버님께 인사[문안] 말씀 전해 주세요. – 3형식

4) 어느 쪽 그림이건 하나는 주시겠습니까? – 4형식

5) 거스름돈은 동전으로 주시오. – 4형식

6) 너의 형에게 안부 전해 다오. – 3형식

7) 난 이 사업 계획을 포기할 수 없네. – 3형식

8) 그는 좋은 기회를 포기해야 했다. – 3형식

9) 그녀는 내 작품에 대해 빈정대는 듯한 평을 했다. – 3형식

10) 그녀는 우리 계획에 동의했다.– 3형식

〈나도 영어로 일기쓸래〉

 1) My mom gives me rice.

  2) She gave a ring to him.

  3) What will you give a baby?

> Today is a thanksgiving day. Even I am not a christine, I thank to the God.
> For 1 year the god gave fruits and vegetables to us. So today I made a small
> thanksgiving day for my friends. Usually my friends wanted to have my
> belongings. So I gave mine. I gave 칠수 a baseball, I gave 민지 a sticker book,
> I gave 세라 marbles and I gave 성진 a pencil sharper. They all thanked to me.
> They were happy and I was happy.

 **Chapter 17** Set 동사를 이용하여 영작하기

1. set이 1형식, 2형식으로 쓰일 때

〈기본기 다지기〉

1) They once more set off for europe. (그들은 다시 유럽으로 떠났다.)
   S   V

2) She set out to break the world land speed record.(그녀는 세계 육상 기록을 깨러 나섰다.)
   S   V

3) They set to work with a will. (그들은 정성껏 일을 시작했다.)
   S   V   O

4) They will set off on a trip. (그들은 여행을 시작할 것이다.)
   S   V

5) He set out for town. (그는 시내를 향해 나섰다.)
   S   V

6) She set the alarm clock to go off at five. (그녀는 자명종 시계를 5시에 울리도록 맞추었다.)
   S   V   O

7) Bad weather set in. (날씨가 나빠졌다.)
         S   V

8) The rainy season has set in. (우기로 접어들었다.)
         S   V

9) We 're all set to go. (우리는 모두 갈 준비가 되었다.)
   S   V   C

2. set이 3형식, 5형식으로 쓰일 때

〈기본기 다지기〉

1) The sellers set a price on an article. (물건의 가격을 정하다.)
       S   V   O

2) No man has set foot on mars. (지금까지는 아직 화성에 도달한 사람은 없다.)
      S   V   O

3) I set myself to study these problems. (나는 이런 문제들을 연구하기로 결심했다.)
    S V   O

4) Her words set me thinking. (그녀의 말을 듣고 나는 생각하기 시작했다.)
          S   V O O.C.

5) She set her goal in the future. (그녀는 미래의 목표를 성절했다.)
    S V   O V

6) We have to set course for the nearest port. (우리들은 가장 가까운 항구로 진로를 잡았다.)
    S   V   O

7) The Romans set out to civilize the ancient Britons.
         S   V

(로마인들은 고대 영국인을 문명화하기 시작했다.)

8) The couple will set a date for a wedding. (결혼 날짜를 정하다.)
        S   V   O

9) Set a pendulum swinging. (진자를 흔들리게 하다.)
   V   O   O.C.

〈한 단계 더 나아가기〉

1) 우리는 피해의 원상 복구에 착수했다. – 3형식

2) 그들은 다시 유럽으로 떠났다. – 1형식

3) 날씨가 나빠졌다. – 1형식

4) 링컨은 노예를 석방시켰다. – 5형식

5) 테이블에 세팅이 되어 있다. – 1형식

6) 그는 쥐를 잡으려고 덫을 놓았다. – 3형식

7) 그들은 헛간에 불을 질렀다. – 3형식

8) 너는 벽에 사다리를 설치하는게 좋을거야. –3형식

9) 호아는 테이블 위에 그의 잔을 놓았어요. – 3형식

10) 그는 새장을 열고 새를 놓아 주었다. – 5형식

〈나도 영어로 일기쓸래〉

1) Let's set the table.

2) He set the wallet on the table.

3) He set the alarm last night.

4) The sun sets in the west.

Today is Christmas eve. It is one of my favorite days. Most of all, On christmas day we have to have a party. So we had a party. We made cake and set the table. We put the beautiful plates and red candles. And then we set fire to the candle. It was fantastic. That time, the bell rang outside. After the party, we went to the church. There was a wonderful party in there. Wow! Today was a good day.

Can 조동사를 이용하여 영작하기

1. 조동사 can을 이용한 영작 예문

〈기본기 다지기〉

1) 오프라 는 매우 재미있게 말할 수 있다. − 1형식

2) 안젤리나 졸리는 김치를 만들 수 있다. − 3형식

3) 일부 여배우들은 한국말을 할 수 있다. − 3형식

4) 그가 그의 아들에게 종이집을 만들어 줄 수 있는가? − 4형식

5) 너는 사진작가가 될 수 있다. − 2형식

6) 그 슬픈 이야기는 그를 울게 만들 수 있다. − 5형식

7) 그는 그의 아들에게 장난감 트럭을 사줄 수 있었다. − 4형식

8) 조심해! 교통사고는 항상 일어날 수 있어. − 1형식

9) 그녀는 수업 중에 너에게 커피를 가져다 줄 수 없다. − 4형식

10) 그 영화는 나를 감동시킬 수 없었다. − 5형식

2. be able to를 이용한 영작 예문

〈기본기 다지기〉

1) Ophra is able to talk very humorously. (오프라 윈프리는 매우 재미있게 말 할 수 있다.)

2) 안젤리나 졸리 wasn't able to make Kim-chi. (안젤리나 졸리는 김치를 만들 수 없었다.)

3) Some actress are able to speak Korean. (일부 여배우들은 한국말을 할 수 있다.)

4) Is he able to make his son a paper house?

   (그는 그의 아들에게 종이집을 만들어 줄 수 있는가?)

5) You are able to be a photographer. (너는 사진작가가 될 수 있다.)

6) The sad story is able to make him cry. (그 슬픈 이야기는 그를 울게 만들 수 있다.)

7) He was able to buy his son a toy truck. (그는 그의 아들에게 장난감 트럭을 사줄 수 있었다.)

8) Be careful! A car accident is able to always happen. (조심해! 교통사고는 항상 일어날 수 있어.)

9) She is not able to bring you coffee in class. (그녀는 수업 중에 너에게 커피를 가져다줄 수 없다.)

10) The movie wasn't able to make me impressed. (그 영화는 나를 감동시킬 수 없었다.)

〈한 단계 더 나아가기〉

1) I can speak both English and Chinese.

2) She can come back soon.

3) Can the story be true?

4) The rumor can't be true.

5) The machine can't be repaired.

6) He could play the guitar.

7) Can I use your cellphone?

8) We couldn't help laughing at your face.

9) Children can have diabetes, too.

10) Can I enter the room?

〈나도 영어로 일기쓸래〉

 1) Can she dance well?

2) We can across this river.

3) How can he make cookies?

Today I learned about "can" in English class. Teacher said "I can, you can, he can, she can, they can, we can, it can". I didn't know that. But teacher said again "I can, you can, he can, she can, they can, we can, it can". Teacher said "repeat after me! more quickly 2 times". Anyway we repeated. Suddenly she asked "can you swim?" and I answered "yes, I can". After then I can make sentences. I can eat, I can talk, I can run, I can sing and so on. After I learned about "can", I will be able to do.

Chapter 19

Will 조동사를 이용하여 영작하기

1. 조동사 will을 사용한 영작예문

〈기본기 다지기〉

1) 우리는 마침내 그녀의 계획을 알게 될 것이다.

2) 그는 너를 만나기를 원하지 않을 것이다.

3) 나는 알람을 맞추는 법을 모를 것이다.

4) 내 아버지는 그 책에 대한 가격을 정했을 것이다.

5) 그녀는 우리 도구가 준비되게 하지 않을 것이다.

6) 그들은 그 때 저녁식사 후에 산책했을 것이다.

7) 너는 그를 거기에 가게 시킬 것이니?

8) 우리 동아리는 그 축제에서 노래하고 춤을 추지 않을 것이다.

9) 고 선생님은 올해 남아프리카로 자원봉사하러 가지 않을 것이다.

2. be going to를 사용한 영작예문

〈기본기 다지기〉

1) We finally are going to get onto her schemes.

2) He is not going to want to see you.

3) I wasn't going to know how to set the alarm.

4) My father is going to set a price on the book.

5) She is going to get our tools ready.

6) They were going to take a walk after dinner at that time.

7) Ar you going to make him to go there?

8) Our circle is going to sing and dance at the festival.

9) Mr. Koh is not going to go to South Africa to volunteer this year.

10) Her aunt was going to buy me an airline ticket.

〈한 단계 더 나아가기〉

1) I will study hard from now on.

2) This door won't open.

3) He would marry Jane.

4) Guests will make noisy.

5) Would you like some cake?

6) Jessica is going to come back soon.

7) We would take a walk in the park.

8) Would you open the window?

9) Bill would not pass the test.

10) My brother will be 25 years old.

〈나도 영어로 일기쓸래〉

 1) I will be a doctor in the future.

2) She will meet her friends at midnight.

I want to marry as soon as possible. So today I am going to write to my future's bride.

Bride! Bride! My bride! I will cook for you.

Bride! Bride! My bride! I will wash the dishes for you.

Bride! Bride! My bride! I will clean the house.

Bride! Bride! My bride! I will take care of our children.

Bride! Bride! My bride! I will do everything for you.

Please will you marry me? If she says "No" I won't eat anything, study and do. I hope that my future's bride says "Yes" is it possible? Or is it impossible? Anyway I will marry soon.

 **Chapter 20** 추측의 조동사로 쓰기

1. may, might

〈기본기 다지기〉

1) 네가 직장을 잡게 될지도 몰라. – 3형식

2) 곧 비가 올지도 몰라. – 1형식

3) 그는 작년에 죽지 않았을지도 몰라. – 1형식

4) 당신은 웃을지 모르지만 나는 정말 심각하다. – 1형식

5) 당신은 웃었을지 모르지만 나는 정말 심각했었어. – 1형식

6) 부탁을 드려도 될까요? – 3형식

7) 그는 풀장에서 수영하고 있는지도 모른다. – 1형식

8) 그것이 사실이 아니었을지도 모른다. – 2형식

9) 풍작을 기대해도 되겠다. – 3형식

10) 나는 올봄에 미국을 방문할지도 모른다. – 1형식

2. must, cannot (must: ∼임에 틀림없다, cannot: 절대 ∼일 리가 없다)

〈기본기 다지기〉

1) 그들은 떠났음에 틀림없다. – 1형식

2) 너는 이것을 아는 것이 분명하다. – 3형식

3) 그것은 사실임에 틀림없다. – 2형식

4) 그는 그것을 몰랐던 것이 분명하다. – 3형식

5) 저 여자가 이 보석을 훔칠 리가 없다. – 3형식

6) 저 여자가 이 보석을 훔쳤을 리가 없다. – 3형식

7) 나는 네가 길을 잃었던 것이 틀림없다고 생각한다. – 3형식

8) 내 개는 영리하기 때문에 길을 잃을 리가 없다. – 3형식

9) 스티븐은 거기에 있었음에 틀림없다. – 1형식

10) 스티븐은 거기에 없었던 것이 분명하다. – 1형식

〈한 단계 더 나아가기〉

1) 누군가가 가구를 바꾸어 놓은 것이 분명하다

2) "내가 케이크를 먹어도 되나요?" "물론이지요, 마음껏 드세요."

3) 다음 춤은 저와 추시겠습니까?

4) 당신은 자신의 레스토랑을 운영할 수도 있다.

5) 그녀는 젊었을 때 자신의 미용실을 운영했었을지도 모른다.

6) He may be swimming in the pool.

7) It may or may not be true.

8) He mustn't have known it.

9) She cannot hide his weakness.

10) They cannot have been in the pond then.

1) You may not go there.

2) May I take your order?

3) May they love each other?

4) Sometimes people may not eat rice.

Today my brother and I went to 청학동. 청학동 is the most famous place to learn polite manners. So on this summer vacation we came here. There are many rules in here. When we say we must always add "may". For example, "Teacher, May I go to the bathroom?", "May I drink some water?" like this. At home I said "Mommy, water! Mommy rice". I was ashamed. From now on I am a polite 초등이.

May I take your order? Haha..

의무의 조동사로 쓰기

1. must, have to, must not

〈기본기 다지기〉

1) 그녀는 그녀의 매니저를 만나야만 한다. – 3형식

2) 학생들은 선생님 말씀에 집중해야만 한다. – 3형식

3) 너는 정말로 그것에 관해 아무것도 말하면 안 된다. – 3형식

4) 나는 그 기획을 어젯밤에 끝내야만 했었다. – 3형식

5) 그들은 보고서를 제출해야만 한다. – 3형식

6) 너의 형과 너는 이 시를 암기해야만 한다. – 3형식

7) 그 작가는 이 소설을 어제까지 써야만 했었다. – 3형식

8) 그는 모임에 참석하지 말아야 한다. – 3형식

9) 너는 세금을 내야만 한다. – 3형식

10) 네 누나는 약속을 지켜야만 한다. – 3형식

2. should, ought to

〈기본기 다지기〉

1) 그는 지금 숙제을 해야만 한다. – 3형식

2) 제니퍼는 담배를 끊어야 해요. – 3형식

3) 너는 의사에게 진찰을 받아야 한다. – 3형식

4) 우리는 본사에 알려야 한다. – 3형식

5) 내 아들은 음식을 조절하고 운동을 해야만 한다. – 1형식, 3형식

6) 사람들은 공기를 오염시키면 안 된다. – 3형식

7) 남은 약을 보관하지 마십시오. – 3형식

8) 내 팀은 지금 출발해야만 한다. – 1형식

9) 왜 너의 엄마가 너 대신에 거기에 가야만 하니? – 1형식

10) 그들은 그 옷들이 너무 비싸서 사면 안 된다. – 3형식

〈한 단계 더 나아가기〉

1) 또 만나고 싶군요.

2) 어떤 조치가 이미 취해졌어야 했다.

3) 그가 지금쯤은 도착했어야 한다.

4) 그녀는 그와의 관계를 끊어야 한다. 그는 그녀를 너무 나쁘게 대한다.

5) 나는 그가 길을 잃었을지 몰라 걱정했었다.

6) You must keep your words this time.

7) My teacher should take a rest.

8) We have to sleep now to go out early tomorrow.

9) They must have listened to the music.

10) If you must do it, you must.

〈나도 영어로 일기쓸래〉

 1) You must take out the garbage outside.

2) She must keep the promise.

3) We should go to bed early.

4) What should you take some medicine?

Today I was very sick. I had a cold. In the afternoon I went to the doctor.
The doctor said "You have a fever so you must take some medicine".
But I didn't like bitter medicine. So I asked "what should I do anything else?"
The doctor said "you should rest, you should go to bed early, you should drink
warm water, you must not go outside and you must to listen to me". I said
"Ok doctor, I will do anything". But.. please... I hate medicine!!

Chapter 22 진행형을 사용하여 영작하기

1. 여러 가지 진행형 시제로 써보기

〈기본기 다지기〉

1) It is snowing a lot now. (지금 눈이 많이 오고 있다.)

2) She was playing the violin. (그녀는 바이올린을 켜는 중이었다.)

3) Are you studying social studies at school?. (너 학교에서 사회 공부하는 중이니?)

4) MIss Kim is teaching us English. (김선생님은 우리에게 영어를 가르치는 중이다.)

5) I am not learning how to play tennis. (나는 테니스를 배우고 있지 않다.)

6) He was cooking supper yesterday. (어제 나는 저녁을 요리하는 중이었다.)

7) The children were not stealing money. (그 아이들은 돈을 훔치는 중이 아니었다.)

8)The police officer was saving him. (그 경찰관은 그를 잡는 중이었다.)

9) Is your mother writing a novel these days? (너의 어머니는 요즘 소설을 쓰시는 중이니?)

10) They were building a new skyscraper then. (그들은 그때 새 고층건물을 짓는 중이었다.)

2. 진행형으로 사용할 수 없는 동사들

〈기본기 다지기〉

1) I belong to Guri middle school now. (나는 현재 구리 중학교에 다닌다.)
*belong은 진행형으로 쓰이지 않는다.

2) Mr. Green resembled his father. (그린씨는 그의 아버지를 닮았다.)
*resemble은 진행형를 쓸 수 없다.

3) They don't have a nice car. (그들은 좋은 차를 가지고 있지 않다.)
*have가 '가지다'로 쓰이면 진행형이 될 수 없다.

4) She loves the man that she met at the party. (그녀는 파티에서 만난 남자를 사랑한다.)
*감정의 동사는 진행형을 쓸 수 없다.

5) It smells very sweet. (매우 달콤한 냄새가 난다.)
*감각동사는 진행형이 되지 않는다.

6) She felt scared. (그녀는 무서움을 느꼈다.)
*감정의 동사이므로 진행형이 안 된다.

7) David becomes a lawyer. (데이비드는 변호사가 된다.)
*상태동사 become이 '~이 되다'로 쓰이면 진행형이 안 된다.

8) Daniel didn't know the fact. (다니엘은 그 사실을 몰랐다.)
*know는 진행형이 안 된다.

9) We possessed a laptop computer last month. (우리는 지난달에 노트북을 가지고 있었다.)
*소유의 동사이므로 진행형이 안 된다.

10) Your boy friend and you hate each other. (너의 남자친구와 너는 서로 미워한다.)
*감정동사이므로 진행형이 안 된다.

〈한 단계 더 나아가기〉

1) My family is going to the ariport now.

2) We are meeting our aunt.

3) My brother is eating some snack in the car.

4) My dad is driving a car.

5) My mom is sleeping.

6) We were packing our baggages last night.

7) My family was talking to one another.

8) All of us felt happy.

9) We are boarding the air plane.

10) We will be meeting aunt tomorrow.

〈나도 영어로 일기쓸래〉

 1) I am studying English in the library.

2) Is he playing soccer with his friends?

3) Why is she waiting for you here?

After school when I came back home I heard "chop, chop" in the kitchen.
There was a dad instead of mom. I asked "Daddy what are you doing?" Dad
said "I am cooking. I am making a birthday cake". I was surprised. So I asked
again "why are you making a birthday cake?" Daddy said "Today is mom's
birthday, don't you know?" In fact I didn't know that. I was ashamed and felt
sorry for mom. So I helped dad. Now I am preparing the surprise party for
mom. I am blowing balloons, setting the table and wearing a party hat.
Mommy! Happy birthday!!